LES

DÉMOCRATES

ASSERMENTÉS

ET LES

RÉFRACTAIRES

PAR

P.-J. PROUDHON

Non possumus.

PARIS

E. DENTU, LIBRAIRE-ÉDITEUR

PALAIS-ROYAL, 17 ET 19, GALERIE D'ORLÉANS

1863

LES

DÉMOCRATES

ASSERMENTÉS

ET LES

RÉFRACTAIRES

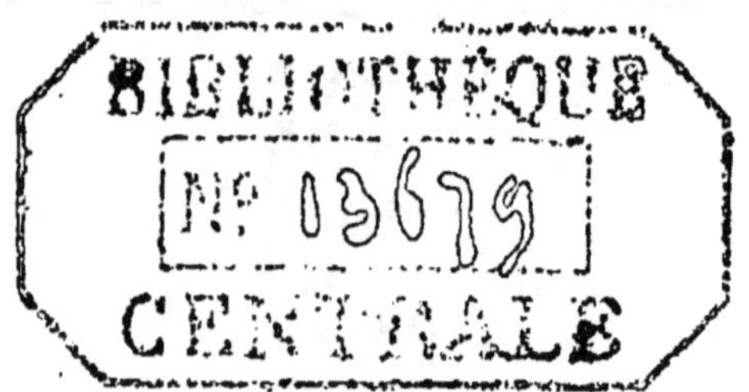

PARIS

IMPRIMERIE DE L. TINTERLIN ET Cᵉ

rue Neuve-des Bons-Enfants, 3

ÉLECTIONS DE 1863

LES DÉMOCRATES

ASSERMENTÉS

ET

LES RÉFRACTAIRES

En 1852, lors des premières élections qui eurent lieu pour le Corps législatif, je me déclarai, dans un écrit de circonstance (1), partisan du vote, et je désapprouvai en conséquence la conduite des trois députés qui, dans la séance du 30 mars, annulèrent eux-mêmes leur élection par leur refus de serment.

Je considérais que, malgré l'immensité de son désastre, le parti républicain devait saisir la première occasion de faire acte de présence, et surtout de foi; que c'est au lendemain des défaites que les Idées vaincues doivent se relever en commençant la critique des idées ré-

(1) *La Révolution sociale démontrée par le Coup d'État*, 1 vol. in-18, Paris, Garnier frères.

gnantes ; qu'un refus de serment n'était pas une suffisante démonstration ; que le général Cavaignac, pour ne citer que lui, avait mieux à faire qu'à abriter sa dignité dans une inutile retraite ; et que le plus grand intérêt de la Démocratie, le premier devoir d'un vrai républicain, était, en mettant de côté toute répugnance personnelle, de signifier au nouvel ordre de choses, par une fière attitude et une suite d'actes conservatoires, l'imprescriptibilité de notre droit et l'immortalité de notre espérance.

Ces raisons étaient sérieuses, et je ne fais guère de doute que, si des circonstances semblables se représentaient, je ne donnasse encore le même conseil. Avant tout il faut vivre, il faut se montrer. C'est pourquoi, en thèse générale, par principes autant que par caractère, je suis pour la politique de discussion et d'action : ce petit écrit en fournira une nouvelle preuve.

Ajoutez qu'en 1852 le nom de République était conservé ; Louis-Napoléon n'avait été fait, par le plébiscite de 1851, que président décennal ; le serment exigé par la Constitution du 14 janvier 1852 n'était point imposé comme condition préalable des candidatures ; la législation municipale de 1855 n'était pas venue amoindrir la liberté des colléges électoraux et restreindre ce que j'appellerai dans le cours de cet écrit la puissance d'institution du suffrage universel ; on n'avait pas brisé, comme on l'a fait depuis, les groupes naturels par des circonscriptions arbitraires ; la loi de sûreté générale ne menaçait pas la liberté individuelle ; celle relative à la distribution des bulletins ne gênait point l'action des comités ; on était au début d'un nouveau régime, qui n'avait point donné sa mesure ni fait ses preuves, mais dont il était permis de prévoir qu'il ne tarderait pas à vouloir changer son titre de République contre un autre plus ambitieux. Entrer au Corps législatif en mars 1852, c'était protester d'avance contre le plébiscite qui devait être rendu le 21 novembre de la même année, et par lequel Louis-Napoléon fut élevé à la dignité impériale.

La Démocratie, en proie à ses ressentiments, n'entra point d'abord dans ces considérations. En septembre 1852, lorsqu'il s'agit de donner des successeurs aux députés réfractaires, elle persista à exiger de ses nouveaux candidats qu'ils refuseraient le serment : de mon côté, lorsqu'un envoyé du Comité démocratique vint à Lyon me proposer, à cette condition, une candidature, je n'eus qu'à décliner un mandat à mes yeux inutile.

En 1857, la Démocratie, lasse de ne rien faire et de ne rien être, sentant la mort l'envahir, impatiente de rentrer dans la vie politique, crut devoir changer de batteries. Sur d'autres conseils, et après un nouveau refus de serment, on se résigna à jurer. Pensa-t-on qu'un serment prêté seulement de la main, au moyen d'une direction d'intention ou d'une réserve mentale, se trouverait de plein droit annulé, et que, vu l'urgence et la contrainte, il n'y avait plus désormais à s'en inquiéter?... Quoi qu'il en soit, comme en 1852 j'avais été d'avis d'entrer au Corps législatif, même sous la condition du serment, on me fit l'honneur de me proposer, à Paris et à Lyon, deux candidatures que je refusai l'une et l'autre. Par quels motifs? C'est ce que je demande à expliquer.

Je l'avouerai pourtant, j'étais loin en 1857 de pouvoir

rendre raison de ma conduite avec la même sûreté de motifs que je le ferai tout à l'heure. Je n'avais point approfondi la constitution impériale, ni ne m'étais rendu compte de la nature et de la puissance du suffrage universel. Il me manquait également le témoignage de faits nombreux : tout ce que j'aurais pu dire était que la situation me paraissait louche. Sollicité d'appuyer le vote par quelque écrit, je m'aperçus, quand je voulus me mettre à l'œuvre, que les principes se dérobaient sous mes pieds, que la bonne foi autant que la logique allaient me faire défaut : je résolus en conséquence de m'abstenir et de garder le silence. D'un côté, il me semblait inopportun de déconseiller un vote contre lequel je n'avais alors pas plus d'arguments que je n'en aurais eu pour ; de l'autre, il me répugnait de prêter un serment que la moitié au moins de mes électeurs m'auraient reproché comme une trahison, s'ils m'avaient cru capable de le tenir, et je craignais, en y restant fidèle, de m'engager plus que je ne voulais dans un système qui, par plusieurs côtés, aboutissait, selon moi, à la destruction des idées et des institutions de 89 ; qui, au lieu de développer dans sa haute portée le suffrage universel, tendait, par une fausse interprétation de la Constitution, à le réduire.

A ceux qui me reprocheraient ces lenteurs de résolution, je dirai pour toute excuse que je n'ai pas le don de première vue ; que plus un homme a contracté l'habitude de la réflexion et de la dialectique, moins il est capable de prendre une résolution soudaine ; qu'en tout cas, si je n'ai pas ici fait preuve d'un esprit prompt, j'ai du moins fait acte de loyauté et de désintéressement. En 1857 comme en 1852, le parti pour lequel je me décidais était justement celui qui agréait le moins à la Démocratie; j'étais accusé de contradiction : combien ont le courage de sacrifier ainsi, avec leur amour-propre, leur popularité?....... Par mon refus de candidature MM. Hénon et Darimon furent élus : j'avais donc la chance d'une double élection ; je pouvais espérer en conséquence, quelle que fût la ville pour laquelle j'aurais opté, de donner à la Démocratie socialiste deux voix sur cinq que l'opposition démocratique finit par obtenir au Corps législatif. Combien, pour un scrupule, pour un doute, savent résister aux suggestions de l'ambition et de la gloriole?

Je crois avoir acquis plus que personne le droit de dire ma pensée sur les élections qui se préparent, d'autant que la situation s'est éclaircie, et qu'il ne s'agit aujourd'hui ni d'une nécessité de résurrection, comme en 1852; ni d'une vaine et stérile opposition, comme nous l'avons eue de 1857 à 1863; ni de répugnances personnelles, qui pour moi ont cessé d'exister : il s'agit des principes mêmes de notre droit public, des plus grands intérêts du Pays et de l'État.

Bien que notre ère révolutionnaire date déjà de soixante-quatorze ans, nous sommes, pour ainsi dire, nouveau-nés à la vie politique. Comme toutes les sociétés aux époques de transformation, nous trébuchons à chaque instant sur nos principes ; nous faisons un pêle-mêle perpétuel des idées du passé et de celles de l'avenir. Les institutions que nous cherchons ne se sont encore montrées qu'en idée, comme des abstractions métaphysiques : nous n'en avons pénétré ni la philosophie, ni l'économie, ni la portée ; nous ne les avons point contemplées dans leur étendue ; nous n'en connaissons pas la procédure et les incompatibilités. Le corps de doctrine nous manque, et nous ne savons par où entreprendre l'application. Sans doute la Révolution a creusé un abîme entre la société ancienne et la société nouvelle, et il nous est de toute impossibilité de rétrograder. Mais pour autant nous n'avançons pas : la Démocratie s'agite, se consume sur place, sans parvenir à prendre une résolution efficace ni même à s'entendre. Essaye-t-elle de faire un pas en avant, elle va en casse-cou. De là le trouble et l'angoisse qui nous démoralisent ; de là cet esprit d'indifférence, de machiavélisme et d'intrigue qui nous déshonore ; de là, enfin, par une conséquence nécessaire, les allures de despotisme qu'a prises chez nous le gouvernement.

Mon attention réveillée par le bruit des prochaines élections, j'ai observé de plus près notre système politique, tel que les quatre-vingts dernières années le révèlent. Je crois pouvoir aujourd'hui jeter sur ce système une lumière inattendue, et révéler un des secrets les plus profonds de la Révolution, en donnant, avec l'interprétation de la Constitution de 1852, la théorie de cette formidable machine qu'on appelle le *suffrage universel*.

Que les électeurs, les candidats, les comités électoraux, les journalistes et les publicistes, que le parti de l'action et celui de la résistance, l'opposition et le gouvernement, que ceux qui veulent voter et ceux qui préfèrent s'abstenir, que tout le monde enfin lise et comme moi réfléchisse :

et, quelle que soit la résolution que chacun dans sa conscience aura prise, quels que soient les noms qui sortiront du scrutin, j'ose le prédire, le résultat des prochains comices sera immense. La situation aura changé, un grand progrès sera accompli. Nous ne sommes stationnaires que parce que nous ne voyons pas devant nous : que la lumière se fasse, que la France se reconnaisse, et le temps perdu sera bientôt regagné. La réflexion des peuples est le phare des empires ; notre véritable ennemi est notre cécité volontaire, routine dans les classes élevées, préjugé et passion dans les masses, contradiction et arbitraire dans le gouvernement.

§ I. — Le suffrage universel base du droit public des Français. — Différence fondamentale entre la Charte de 1830 et la Constitution de 1852.

L'établissement du suffrage universel, en février 1848, a constitué légalement la nation française en une société démocratique.

Quoi que l'on pense de l'état actuel de cette démocratie ainsi que des résultats du suffrage universel, de la capacité politique et économique de la première, de la sincérité et de l'intelligence du second, de la stabilité du gouvernement qui en a été le produit et des tendances progressistes ou rétrogrades qu'il affecte ; quelques réserves enfin que l'on fasse, soit en faveur du principe qui nous régit et du gouvernement qui est censé l'exprimer, soit à la charge de tous deux : en droit, je le répète, et dans une certaine mesure en fait, la France est une démocratie. Le suffrage universel est souverain.

On a écrit des volumes sur la Charte de 1814-1830, depuis quinze ans périmée ; sur les usages parlementaires, qui tendent à se rétablir ; sur le système électoral qui servait de base à cette Charte, mais auquel il est peu probable que nous revenions jamais. On n'a pas étudié, que je sache, du moins avec la même diligence philosophique, la Constitution de 1852 ; bien moins encore a-t-on approfondi l'esprit du suffrage universel, les conditions de son exercice, et par dessus toute chose sa puissance d'institution. La Constitution de 1852, et le suffrage universel sur lequel elle repose de la même manière que la Charte reposait sur l'élection censitaire, semblent avoir été dédaignés, la première à raison de son caractère autocratique, le second à raison de son caractère populaire. Étrange préoccupation de juste-milieu ! Comme si l'on pouvait avoir raison d'un système politique par le dédain et la haine, ou d'une idée par le silence !

La première réflexion que suggère la Constitution de 1852, c'est que le suffrage universel dont elle relève, quelque part qu'il ait été pratiqué, a toujours reçu son institution d'un parti démocratique-républicain, jamais d'un empereur, d'une aristocratie ou d'un roi ; et qu'une fois établi, ce même suffrage s'est constamment retourné contre ses auteurs et a produit, au lieu de la République dont on le supposait l'expression, la dictature perpétuelle, l'empire. C'est ainsi qu'à Rome la démocratie aboutit par le suffrage universel au césarisme ; en France, le peuple de Danton, de Robespierre et de Marat a voté sept fois l'empire : en 1800, 1802, 1804, 1815, 1848, 1851 et 1852. D'où peut venir un tel renversement? Jusqu'à présent la république, de même que la monarchie constitutionnelle, a eu pour condition de durée la prépondérance d'une aristocratie ou bourgeoisie ; l'intervention populaire lui a été toujours fatale. La conciliation du suffrage universel et de la république serait-elle impossible ?...

Une seconde chose, non moins importante, à observer dans la Constitution de 1852, c'est que, malgré son apparence autocratique et absolutiste, elle est essentiellement et indéfiniment modifiable ; conséquemment qu'elle est de nature résoluble, transitoire et pour ainsi dire métamorphique ; qu'elle peut être, à volonté, remaniée, réformée, transformée, remplacée, sans que la société en éprouve le moindre dérangement. En revanche le suffrage universel, base de la Constitution, expression de la souveraineté sociale, se présente avec un caractère de fixité, d'inamovibilité et d'immutabilité absolue. Sans doute, le suffrage universel peut revenir sur ses décisions, annuler ses actes, se déjuger, changer les formes de son gouvernement; mais lui-même ne peut se restreindre, s'amoindrir, se charger d'entraves, s'imposer des conditions, changer sa nature, admettre des exclusions, des degrés ou des priviléges, sans compromettre tout le système : il reste identique et adéquat à lui-même, ou il cesse d'être et la société avec lui. — Il en est tout autrement du système de 1830 : ici, c'est la base, je veux dire l'élection censitaire, à deux ou plusieurs degrés, qui est, comme la majorité et le ministère, l'élément variable, tandis que l'organisme gouvernemental est l'élément fixe. Dans la Constitution de

1852, le gouvernement pivote sur le suffrage universel ; dans la Charte de 1814-1830, c'est le corps électoral et le pays avec lui qui tourbillonne sur le pouvoir, sur l'État. Une conséquence assez inattendue de cette opposition, c'est que, dans le système de la Charte, le droit dynastique et la prérogative royale, parties intégrantes, conditions essentielles de la Charte, sont par nature indiscutables, le gouvernement ne pouvant être atteint dans sa forme sans que la société tout entière soit ébranlée ; tandis que, dans le système impérial, la constitution est indépendante de la dynastie, en sorte que l'on peut supposer l'un de ces deux éléments, le principe dynastique ou la Constitution, abrogé, sans que l'abrogation de l'autre s'en suive. En deux mots, point de Charte sans une dynastie, point de dynastie sans une charte : c'est ce que l'histoire de 1814 et de 1830 met à découvert. Ici, au contraire, dynastie et constitution sont choses conjointes, non solidaires ni connexes, ce que montre également l'histoire de 1799 et 1804, de 1851 et 1852. Là est ce qui fait l'originalité, et, à certain point de vue, la profondeur de la constitution impériale.

Le principe électif, ou pour mieux dire le principe de la souveraineté du peuple étant donc prépondérant dans la Constitution de 1852, c'est à lui surtout et à ses opérations que le publiciste doit s'attacher. Quelle est d'abord la pensée du suffrage universel ? Quelle idée secrète l'anime ? Quel est son but, son objet, sa fin ? A cette question, la Constitution de 1852 a répondu : Le suffrage universel et le gouvernement qu'il a créé ont pour but d'appliquer et développer les *grands principes* de 89. Ainsi c'est à la tradition de 1789 que le suffrage universel se réfère ; c'est comme interprète et continuateur de la Révolution qu'il se pose. Son mandat n'a rien de mystique : c'est une œuvre de logique et d'application qu'il s'est promis d'accomplir. Il serait infidèle à lui-même et se détruirait, s'il pouvait oublier sa destination et son origine.

Ce premier point résolu, une autre question se présente : Quel est le mode de manifestation du suffrage universel ? Quelles sont les conditions de son exercice, les garanties de son authenticité, les formes de son verdict ? Quelle est sa puissance ?... Ici la Constitution de 1852 se montre fort réservée, et il devient indispensable, pour suppléer à l'insuffisance de ses données, de remonter à l'idée même de la Révolution.

§ II. — Le suffrage universel interprète de la pensée révolutionnaire.

L'ancienne société se réclamait d'un ordre supérieur, surnaturel, céleste. D'après l'idée qu'elle se faisait de la destinée humaine, de la morale et de ses préceptes, de la justice, des droits qu'elle crée et des devoirs qu'elle impose, de l'État et de ses institutions, elle se refusait à croire que l'ordre social reposât sur une base purement rationnelle, et elle se rattachait, par la révélation, à la Divinité. La politique et l'économie politique, chez elle, se liaient intimement à la religion. Toutes les institutions portaient ce double caractère : le mariage était un engagement à la fois civil et religieux ; l'Église et l'État, distincts l'un de l'autre, mais inséparables et égaux, restaient unis, et pour ainsi dire couplés comme les deux colonnes de l'édifice social. C'est ce que l'on a appelé système du *droit divin*. Le droit était ainsi donné tout à la fois : 1° dans la religion, c'est-à-dire dans les saintes Écritures, dans les décrets des conciles et les bulles des Papes ; 2° dans les traditions immémoriales des peuples que l'on faisait dériver de la révélation primitive, et par suite, dans le principe dynastique, la hiérarchie des castes, et les transactions solennelles des Ordres réunis sous la présidence de la Couronne. C'est dans cet esprit seulement que la multitude était autrefois consultée : les actes de la spontanéité populaire passaient pour des manifestations de la volonté divine, *Vox populi vox Dei*. On aurait regardé comme absurde, immoral, impie, de faire discuter par une assemblée de légistes, et de soumettre à la délibération toute humaine du suffrage universel, la constitution de la société et le gouvernement de l'État.

L'esprit de cette société était donc un esprit d'absolutisme et d'immutabilité. Le droit et la loi étant conçus comme un décret émané d'en-haut, la justice, en principe et en fait, était subordonnée à l'autorité, laquelle, instituée du ciel et son représentant sur la terre, était prépondérante et inviolable.

La Révolution conçut l'ordre social d'une tout autre manière. On s'était aperçu que, malgré l'affectation d'absolutisme, tout change incessamment dans l'humanité, et que la civilisation se produit par une série de métamorphoses. La philosophie ayant ébranlé la foi, l'hérésie divisé l'Église, on avait senti que le Droit, âme des sociétés, devait reposer sur autre chose qu'une révélation sujette à tant de doutes.

En regard du DROIT DIVIN, la Révolution affirma donc le *droit de l'homme et du citoyen,* c'est-à-dire que, sans nier ni affirmer l'Etre suprême, sans se préoccuper des choses divines, elle posa en principe que le Droit avait son foyer dans la conscience de l'homme ; qu'il était inutile de lui chercher une autre origine et une autre sanction ; que la loi dérivait de cette Justice immanente, et n'avait en soi rien de mystique ni de révélé ; qu'ainsi la société était autonome, puisqu'elle portait sa législation en elle-même ; que de plus elle était perfectible, ou, comme nous disons aujourd'hui, progressive, comme toutes les créations de la nature.

Le droit divin nié, la religion mise hors la politique, l'Église, non plus simplement distinguée, mais radicalement séparée de l'État, la foi déclarée affaire individuelle et libre, la souveraineté du peuple remplaça naturellement celle du pontife et du monarque. Du même coup, l'importance du principe dynastique se trouva considérablement amoindrie ; l'institution nobiliaire, le régime féodal furent abolis, l'égalité devant la loi proclamée ; au régime autoritaire succéda le régime libéral, et l'on conclut que, le genre humain étant perfectible, le progrès devait consister dans l'éducation progressive du peuple par le peuple organisé, affranchi du patronage des potentats et des castes.

D'essence absolutiste qu'il avait été jusqu'alors, le gouvernement devint donc d'essence républicaine. Qu'entend-on par *République?* La République est un système d'état dans lequel, à la différence de ce qui existait autrefois : 1° la Justice, réputée jadis commandement divin, et pour cette raison subordonnée à l'autorité, est déclarée faculté sociale, conséquemment supérieure à l'autorité ; 2° la Religion, le dogme, l'Église, le gouvernement, la dynastie et tout ce qui s'y rattache, réputés autrefois choses indiscutables, sont livrés à la controverse des opinions; 3° l'inégalité des conditions et des fortunes, considérée primitivement comme une loi et une nécessité sociale, doit être désormais combattue et incessamment atténuée par des institutions démocratiques: 4° enfin, il n'y a plus d'autre raison d'État que le Droit, puisque le Droit est souverain, *Despotês ho nomos,* comme disait Paul-Louis. Voilà ce que c'est que la République; et, quelques perfectionnements qu'elle attende encore, quelques épreuves qu'elle doive subir, on peut affirmer que, depuis la dernière convocation des États-Généraux, la nation française n'a pas eu, au fond, d'autre gouvernement.

Mais si la société possède sa législation en elle-même, si la justice lui est immanente, comment s'exprime-t-elle? Quel est le mode de manifestation de la loi?

La raison sociale s'est manifestée dans tous les temps de mille manières : champs de mai, plaids, comices, élections, sénats, assises, tribunaux, conciles, États généraux, parlements, assemblées, clubs, agapes, mystères, fêtes civiques et religieuses, théâtres, écrits, journaux, académies, etc.

Aujourd'hui, en vertu de la Constitution du 14 janvier

1852 et du décret du 2 février de la même année, le mode principal, solennel, de manifestation de la volonté du pays est le suffrage universel.

Tel est le rapport d'institution entre le suffrage universel et la Révolution. On voit par cet exposé que l'un n'est rien sans l'autre ; qu'affirmer celle-ci ou celui-là c'est les affirmer tous deux ; que si, en plein droit divin, on avait proclamé le suffrage universel dans le sens où nous l'entendons aujourd'hui, il aurait produit la Révolution ; mais qu'au contraire le droit divin ayant été nié d'abord, et la révolution s'étant produite la première, le suffrage universel devait en être la conséquence.

Cette transformation ne s'est pas opérée brusquement ; elle a été l'œuvre des siècles : on peut même dire qu'à aucune époque le droit de l'homme, bien qu'en minorité, n'a failli à protester contre le droit divin. Une chose seulement reste vraie, c'est que pendant des milliers d'années, officiellement ou tacitement, sous tous les régimes, le droit divin a prévalu, et que le revirement s'est opéré contre lui, d'une manière décisive, en 1789.

§ III. — Conditions, garanties et formes du suffrage universel.

Ce n'est pas petite affaire de connaître, d'une façon authentique, la pensée de tout un peuple ; et de même que la question de la compétence de l'État est la plus grande de toutes celles qui ont rapport au gouvernement, de même on peut dire que l'organisation du suffrage universel est la plus grande de toutes celles qui concernent l'ordre social.

1. Le suffrage est *universel*, c'est-à-dire qu'il doit réunir, sans les confondre, tous les droits, toutes les opinions, tous les intérêts, chacun selon sa nature, ses besoins, son caractère, ses aspirations et son origine. L'universalité des suffrages a fait disparaître le cens électoral, conservé sous la monarchie constitutionnelle, mais qui, malgré la supériorité d'intelligence qu'on lui attribuait, n'en était pas moins une atteinte au principe de la Révolution et un reste de l'ancien régime. En réservant à une classe de citoyens l'exercice des droits politiques, elle leur ménageait par là même un moyen de rétablir à son profit la servitude féodale.

2. Le suffrage universel est *synthétique* dans son expression, non simpliste. En effet, puisque les opinions, les intérêts et les droits qu'il représente sont différents, souvent même antagoniques, et que le suffrage universel a pour but, par ses votes, de fournir les bases d'une transaction, l'idée émanée du scrutin est nécessairement une synthèse. Si tous les électeurs avaient mêmes opinions, mêmes droits, même capacité, même fortune ; s'ils exerçaient la même industrie, s'ils étaient en tout semblables, le suffrage universel serait inutile, il n'y aurait pas besoin de scrutin. Le premier venu pouvant exprimer la pensée commune et voter pour tout le monde, il n'y aurait rien de mieux à faire que de s'en rapporter au

prince et au gouvernement. Le simplisme des idées, l'identité des intérêts ramèneraient, par le droit de l'homme, la société à l'absolutisme.

3. Le suffrage universel est *direct* ; c'est-à-dire qu'il statue directement, sans intermédiaire, sur les questions qui lui sont soumises, telles que, par exemple, l'élection des députés au Corps législatif, ou la nomination du Président de la République. Cette prérogative résulte de la notion du droit de l'homme, exclusive de toute différence de caste. Le suffrage à plusieurs degrés, de même que le suffrage restreint, est une dérogation au principe de la Révolution, un stigmate féodal.

4. Le suffrage universel est *indépendant* et toujours *égal à lui-même*. — Cela résulte de la notion de *souveraineté du peuple*, laquelle n'admet ni décadence ni dégradation.

5. Le suffrage universel est *délibératif*, non consultatif. En effet, le chef de l'État, quel que soit son titre, n'est que le mandataire du peuple qui lui adjoint pour conseils d'autres mandataires, les députés. C'est l'inverse de l'ancien régime, où le monarque, la noblesse et le clergé étant les représentants de l'autorité divine, le peuple n'avait point de volonté à exprimer, pas d'injonction à faire, et ne pouvait être admis qu'à présenter à genoux, par ses députés, ses très-humbles sollicitations et remontrances.

6. Si le suffrage universel est délibératif, cela suppose que les électeurs jouissent de la faculté de se *réunir*, de *discuter* et de se *concerter*, comme, quand et autant que bon leur semble. Ici encore, le système de la Révolution se montre entièrement l'opposé du Droit divin. Autant l'ancien régime affectait l'infaillibilité, conséquence de son dogmatisme religieux et de son absolutisme, autant le nouveau est prompt à se reconnaître sujet à l'erreur, non dans le but d'infirmer l'autorité du peuple, mais précisément afin de lui faire de sa faillibilité un titre de plus à l'autonomie. Dieu seul, et son Église, et ses Oints, peuvent prétendre à faire des lois éternelles et à rendre des jugements irrévocables : le suffrage universel se glorifie de la faculté imprescriptible qu'il a de se réviser.

Telles sont les conditions et garanties du suffrage universel. Quant à ses formes, elles sont celles de toutes les assemblées délibérantes : je les ramène à trois.

a) Pour exprimer leurs votes, les citoyens se forment par *groupes* ou *colléges* électoraux : la raison de ceci ne vient pas seulement de l'immensité des distances ou de l'énormité de la population, qui rend impossible, dans un pays comme la France, la réunion en un seul lieu de plusieurs millions d'électeurs; elle découle du caractère *synthétique* du suffrage universel, qui veut que, non-seulement tous les citoyens soient appelés à voter, mais que les votes se formulent autant que possible, selon le groupement naturel des opinions et des intérêts, la spécialité des professions et des droits.

b) Le suffrage universel, bien que synthétique, et précisément parce qu'il est synthétique, ne se prononce que sur des questions simples, c'est-à-dire qui puissent être décidées par *oui* ou *non*, *pour* ou *contre*. Il n'en peut être autrement. Un écrivain, un orateur peuvent, dans un discours, examiner, parcourir une proposition complexe; une assemblée, à plus forte raison un peuple entier, ne le peut pas, puisqu'en raison de la divergence des opinions et des intérêts qu'il s'agit de prendre tous en considération, chacun admet certaines choses, en rejette d'autres, demande l'introduction de nouvelles et la modification du reste, en sorte que le même projet, soumis à la raison des majorités, revient tout différent de ce qu'il était sortant des mains de son auteur.

Voilà pourquoi le vote d'ensemble, sans division, d'une constitution ou d'une loi proposée au peuple, est fatalement entaché de surprise et d'erreur, par conséquent plus ou moins reprochable. En 1848, aux élections pour la présidence, cinq millions et demi de suffrages furent donnés au prince Louis-Napoléon : il n'y avait rien à dire. En 1851, le même Louis-Napoléon fut réélu par sept millions et demi de voix, *avec pouvoir de faire une Constitution d'après les bases établies dans sa proclamation du 2 décembre*. Ces bases étaient au nombre de cinq. Ici, je me permettrai de dire que la question dépassait les bornes établies par l'usage; qu'en temps ordinaire l'opinion publique n'eût pas manqué de demander que la question fût divisée. Le peuple, en faveur de qui l'on venait de rétablir l'universalité du droit de suffrage, ne voulut pas y regarder de si près : il bloqua tout.

c) Lorsque, dans une assemblée délibérante, dans une réunion d'électeurs, etc., les votants ne se jugent pas suffisamment éclairés, ou suffisamment libres, ou que les alternatives de la question leur déplaisent également, ils manifestent leur opposition en ne votant pas : c'est ce qu'on appelle *abstention*. — Si le scrutin est secret, l'abstention se manifeste par le dépôt d'un *billet blanc*.

La question du groupement électoral et celle de l'abstention étant aujourd'hui d'une importance majeure, nous y insisterons d'une manière spéciale.

§ IV. — De l'importance des circonscriptions électorales pour les opérations du suffrage universel, et de l'abstention.

Dans une assemblée législative, afin de faciliter le travail, de provoquer les opinions, d'assurer la manifestation de la vérité et le triomphe du droit, on étudie d'abord les projets soumis à l'assemblée à huis-clos. À cet effet, les députés se divisent par *bureaux* et *comités*.

Les bureaux sont des groupes formés par le sort.

Les comités sont formés par le libre choix des députés, qui se classent spontanément eux-mêmes et se réunissent selon leurs aptitudes personnelles, ou spécialités. Il y a un comité de la *guerre*, un de la *marine*, un de la *justice*, un des *finances*, un de l'*instruction publique*, etc. C'est le principe de la séparation des pouvoirs ou division du travail qui se reproduit ici, et qui préside à cette formation.

Tout projet de loi est d'abord étudié dans les comités, puis envoyé dans les bureaux, enfin soumis à l'examen d'une *commission*, composée d'autant de membres qu'il y a de bureaux, enfin, et sur le *rapport* de cette commission, discuté en séance publique et générale.

Cette procédure, dont je n'ai pas à expliquer davantage le principe et les motifs, s'applique également aux opérations du suffrage universel. Les sections électorales, correspondantes aux bureaux et aux comités de l'assemblée, sont les provinces, départements, arrondissements, cantons, communes et corporations. Le décret du 2 février 1852, d'accord sur ce point avec les lois antérieures, reconnaît ce principe, quand il exige, pour l'inscription du citoyen sur la liste électorale, *six mois*, au moins, *de résidence dans la commune*. Les affaires sont discutées au point de vue de chaque localité, grande ou petite; le député est nommé en conséquence; et ce sera de la fusion ou synthèse de ces opinions diverses, de leurs transactions et de leur balancement, que résultera la loi, expression de la pensée collective.

La conservation des groupes naturels, de même que la division d'une Chambre par comités, est donc, pour l'exercice de la puissance électorale, de la plus haute importance : c'est une condition essentielle du vote. Sans elle, point d'originalité, point de franchise, point de signification nettement accusée dans les suffrages. — On voit ici dans quelle profonde erreur étaient ceux qui, en 1848, s'imaginant que le suffrage universel représenterait d'autant mieux la pensée de la nation qu'il serait affranchi de tout esprit de localité, demandaient qu'on fît voter le peuple français tout entier sur une seule liste, de même qu'on faisait voter les départements. La destruction des groupes naturels dans les opérations électorales serait la destruction morale de la nationalité même, la ruine du suffrage universel, la négation de la pensée de la Révolution.

En ce qui touche l'abstention, la même analogie se remarque entre les opérations du suffrage universel et les travaux d'une assemblée législative. A cet égard, j'ai le regret de dire que les auteurs du *Manuel électoral* sont tombés dans la plus regrettable bévue.

« L'électeur *doit voter*, » écrivent-ils d'un ton absolu.— « L'abstention, quand elle a pour cause l'indifférence et « l'égoïsme, est coupable ; quelquefois inspirée par de « plus nobles sentiments, ELLE EST TOUJOURS STÉRILE : « *l'expérience la condamne. Qui s'abstient, s'annulle.* »

Tout cela est de la dernière fausseté. Il y a bien d'autres causes d'abstention que l'indifférence et l'égoïsme, ou le sentiment d'une dignité stérile, auxquels font allusion les écrivains que je viens de citer ; alors l'abstention n'est pas condamnable, elle est obligatoire, et l'expérience prouve que, dans ce cas, celui qui s'abstient ne s'annule pas, il commande. Dans leur zèle, que je n'entends point blâmer, à susciter à un gouvernement sans contrepoids une opposition puissante, dans leur désir de recruter des électeurs pour la cause de la liberté et de vaincre l'atonie générale, les auteurs du *Manuel* ne se sont pas aperçus qu'ils mutilaient eux-mêmes la puissance électorale, en frappant de réprobation l'une des facultés les plus importantes, et dans certains cas la plus efficace, de l'électeur.

L'abstention, ou le vote silencieux, aussi légale et non moins significative que le vote articulé, est toujours facultative au député qui ne se juge pas suffisamment instruit, ou à qui les divers partis qui lui sont proposés déplaisent également. Elle devient obligatoire, elle est le premier et le plus saint des devoirs, lorsque la question soumise au vote est équivoque, insidieuse, inopportune, illégale, ou qu'elle sort de sa compétence ; lorsque la tyrannie, fronçant le sourcil, s'introduit indûment dans le temple de la loi ; lorsque l'émeute grondant à la porte, ou l'éclair des baïonnettes fermant la discussion, font violence à la liberté du législateur. Qu'appelle-t-on *ordre du jour*, sinon une abstention générale, plus ou moins énergiquement motivée ? Qu'est-ce qui a fait la gloire de Boissy-d'Anglas, dans la fameuse séance du 2 prairial, sinon encore la plus héroïque des abstentions ? Or, je soutiens que ce qui est de règle pour le député l'est également pour l'électeur : celui-ci doit s'abstenir, quand on lui demande plus qu'il n'est de son droit et de sa dignité d'accorder ; quand les formes, conditions et garanties du suffrage universel lui paraissent devenues insuffisantes. Que serait-il arrivé, le 20 décembre 1851, si les électeurs, jugeant que la question proposée à leurs suffrages était trop complexe, eussent demandé la division, et, en attendant, se fussent abstenus ? C'est que, en supposant que la volonté du peuple eût été de réélire Louis-Napoléon, la Constitution de 1848 aurait été préalablement maintenue, de nouveaux députés élus par le peuple, et qu'une transaction aurait dû se faire entre le chef du pouvoir exécutif et les dépositaires du pouvoir législatif.

Il appartenait aux auteurs du *Manuel* d'expliquer toutes ces choses aux électeurs; de leur montrer l'étendue de la puissance électorale ; de leur faire comprendre que, dans ce que j'ai appelé *formes, conditions* et *garanties* du suffrage universel, sont contenus en germe, et déjà en action, tous les principes et les droits de la Révolution ; de pénétrer le peuple de l'esprit du nouveau système : choses bien autrement importantes que la réglementation du scrutin, les formalités des candidatures et toute la mécanique électorale. Destitué de ces formes, conditions et garanties, dont on conçoit que le législateur ne se soit pas d'abord préoccupé, le suffrage universel cesserait d'être en progrès; il ne répondrait plus à l'esprit de la Constitution, éminemment perfectibiliste de 1852, il faillirait à sa propre dignité.

§ V. — Que, dans les conditions qui lui sont faites, le vote est impossible.—Premier motif : le suffrage universel est placé sous l'influence dirigeante du gouvernement.

Ainsi, la première chose à faire pour une assemblée électorale, de même que pour une assemblée parlementaire, est de s'assurer que toutes les conditions de liberté et de sincérité du vote sont remplies : si une seule était violée, le scrutin serait entaché d'inconstitutionnalité, de violence, par conséquent de fraude ; il ne serait pas légalement valable, et le vote devrait être déclaré nul. En pareil cas, je le répète, l'abstention ne serait point, de la part de l'électeur, un acte d'*indifférence coupable* ou de *dignité stérile*, pas plus qu'elle ne serait une machination séditieuse ou une cabale de la malveillance ; ce serait un acte de conservation, un rappel à la loi et au droit, tout ce qu'il est possible d'imaginer de plus positif, de plus catégorique et de plus péremptoire.

Appliquons ces principes à la situation actuelle.

La démocratie est aujourd'hui sortie de la torpeur où l'avait jetée le 2 Décembre ; elle s'est montrée aux élections de 1857 ; elle vit enfin, et nous devons l'en féliciter. Le soin de ses libertés et de ses droits semble l'avoir ressaisie ; une louable ardeur anime le corps électoral ; des comités se sont formés ; une foule de jeunes orateurs, excités par l'exemple, brûlent de mettre leur talent au service de la plus juste des causes, et déjà l'on se dispute l'honneur des candidatures avec un zèle que l'on soupçonnerait facilement d'ambition, si l'on ne savait qu'il est inspiré du plus pur patriotisme. Qu'avons-nous à faire, dans la situation actuelle ? Et d'abord, dans quelles conditions nous invite-t-on aujourd'hui à produire nos suffrages ? Il est étrange que sur une soixantaine de légistes qui, tant pour la rédaction du *Manuel électoral* qu'à l'occasion des listes de recensement, se sont occupés des élections, pas un n'ait songé à se livrer à cet examen.

En premier lieu, le suffrage universel est-il indépendant ? Je veux dire, le suffrage universel jouit-il en fait d'une spontanéité telle que la suppose sa suprématie légale et que le requiert l'esprit de la Constitution ? — Oui, répond le gouvernement; car le scrutin est secret, et personne n'est contraint de voter. Ceci prouve tout juste que nous ne savons pas encore bien ce que c'est que le suffrage universel.

Dans l'emportement de l'idée unitaire, autocratique, centralisatrice, le gouvernement impérial a déclaré nettement, par l'organe d'un de ses ministres sans portefeuille, M. Baroche, que, par nature, par essence, le suffrage universel ne lui paraissait, ne lui paraîtrait jamais susceptible d'être abandonné à lui-même, à sa spontanéité. En effet, comme nous l'avons observé, le suffrage universel est faillible; il tire de cette faillibilité le droit de se réviser, et tel est le caractère qui le distingue fondamentalement du droit divin. Donc, conclut l'orateur du gouvernement, la direction supérieure de l'État devient le garde-fou indispensable du peuple électeur. De là les candidatures gouvernementales, présentées directement par le pouvoir, en dehors de l'initiative des citoyens, même amis du gouvernement et partisans de sa politique.

Un démocrate, que dis-je? un homme simplement informé des idées de 89 et de l'esprit de la Constitution de 1852, quel que soit d'ailleurs le parti auquel il appartienne, ne fût-il même d'aucun parti, ne peut accepter cette prétention du Pouvoir. Il ne saurait admettre des candidatures qui, de bonne foi à l'origine, je veux bien l'accorder, ne seraient bientôt plus que le produit de la confusion des fonctions du prince avec les attributs du souverain, rompraient l'équilibre politique et détruiraient l'économie du système.

Le gouvernement impérial paraît avoir été inspiré dans cette prétention, que j'ose appeler extraconstitutionnelle, par la pratique des gouvernements fondés en 1814 et 1830. Mais les conditions ne sont pas les mêmes. Le droit public sous l'Empire n'est plus du tout ce qu'il était sous la monarchie constitutionnelle.

Autrefois, sous la Restauration et la monarchie de Juillet, le Pouvoir était exercé par un ministère responsable, produit d'une majorité parlementaire, combattue par une minorité opposante : ce ministère était donc chef de parti, il ne pouvait être autre chose. Le roi, déclaré inviolable, irresponsable, était en dehors du débat. Le ministère pouvait en conséquence avoir ses candidats, aussi bien que l'opposition avait les siens ; en les proposant, en les avouant, il ne faisait que comparaître lui-même devant les assises électorales, il se défendait. C'est en vertu de ce principe que tout député arrivant au ministère était soumis à la réélection. Le tort des ministres, qui leur a été constamment reproché, était de se faire dans la lutte électorale un instrument du pouvoir même ; de distribuer places, subventions, fonds secrets ; de faire agir les préfets ; de s'appuyer sur ce qui n'était point eux ni leur parti, mais la chose commune, immuable, confiée à leur garde, d'aller parfois jusqu'à faire intervenir la personne royale, déclarée inviolable : toutes choses contraires à l'esprit de la Charte. Cette dépravation des mœurs constitutionnelles par les ministres fut une des causes qui amenèrent la chute des deux dynasties.

Aujourd'hui l'Empereur seul gouverne ; il est responsable ; les ministres ne peuvent être personnellement interpellés; leur chute ne saurait dans aucun cas être considérée comme la sanction du pouvoir parlementaire.. Celui-ci à son tour n'a pas d'initiative : il accepte ou rejette les lois qui lui sont proposées par le gouvernement; mais il ne fait pas de propositions, il ne reçoit pas de pétitions; il vote l'impôt, cela est vrai, mais il n'a pas la haute main dans le Gouvernement. On lui permet de discuter, avec modération, les actes du pouvoir; mais il n'oserait formuler un blâme; il outrepasserait ses pouvoirs et ferait presque acte de révolte.

La conséquence est que, l'Empereur étant *responsable devant le peuple français*, le contrôle du gouvernement n'a lieu d'une manière sérieuse, réelle, efficace, qu'au scrutin, par devant les comices électoraux, organes de la collectivité nationale.

Comment donc le chef de l'État, grand élu, seul gouvernant et responsable, disposant de tous les moyens d'action et d'influence, serait-il en même temps grand électeur? Comment, mandataire du peuple, serait-il appelé à faire, par des députés de son choix, le contrôle de son propre gouvernement? Comment M. Baroche n'a-t-il pas vu que ces deux attributions sont incompatibles? Comment imaginer que, devant l'omnipotence impériale devenue candidate au Corps législatif, il se trouve jamais une masse d'électeurs assez désintéressés et assez nombreux pour nommer une majorité contraire à la politique du chef de l'État? Quand a-t-on vu une semblable énergie de volonté, une pareille hauteur d'intelligence se manifester dans une nation?... Que le gouvernement ait ses partisans, ses candidats qu'il avoue, et qui prennent sa défense dans les comices électoraux, à la bonne heure ; mais qu'il les produise lui-même, qu'il les autorise, les patrone, et que, pour plus de certitude du succès, il soit chargé de la police des élections, de la délimitation des groupes, etc., c'est ce qui paraît exorbitant. Il y a là tout à la fois un principe de subalternisation et un ferment de discorde que n'a pu vouloir le législateur. .

Entre le régime créé par la Constitution de 1852 et les prétentions électorales exprimées par M. Baroche, il y a donc incompatibilité. De deux choses l'une : ou vous reviendrez franchement au régime parlementaire, si vous voulez agir dans les élections ; ou, si vous préférez conserver votre omnipotence, cumuler le *législatif* et l'*exécutif*, vous vous abstiendrez de paraître aux scrutins, si ce n'est comme un mandataire qui vient rendre ses comptes, comme justiciable du suffrage universel. Sinon, le devoir des citoyens leur commande de s'abstenir, je veux dire par là de vous rappeler à l'ordre : je m'étonne, encore une fois, que depuis dix ans tant de légistes, de publicistes, de journalistes, de candidats, qui étourdissent le public de leurs démonstrations de liberté et d'indépendance et se posent en orateurs d'opposition, n'en aient dit mot. Poser sa candidature dans de telles circonstances, et se dire homme d'opposition, serait la plus insigne des mystifications, si ce n'était la plus incroyable des étourderies.

§ VI. — Deuxième motif : La faculté de se réunir et de discuter publiquement les actes du pouvoir existe-t-elle ?

Je lis dans le *Manuel électoral*, page 33 :

« Il n'y a d'élections véritablement libres que si les « électeurs ont le droit de se réunir pour discuter les « candidatures. »

Les auteurs du *Manuel* auraient dû ajouter, *et la politique du gouvernement*. Pourquoi ne l'ont-ils pas fait?

« Avant le 2 Décembre 1852, poursuivent-ils, les « réunions électorales étaient reconnues par la consti- « tution et réglementées par des lois qui ne sont « plus en vigueur. Le décret du 2 février n'a rien dit « de ces réunions : par cela même il maintenait le droit, « cela n'est pas douteux. Mais depuis est intervenu le « décret du 25 mars 1852, qui a soumis à la nécessité de « l'autorisation *les réunions publiques de quelque nature* « *qu'elles soient.* »

Là-dessus vous vous attendez que les commentateurs vont conclure à la contradiction entre le susdit décret et la pratique du suffrage universel, par conséquent à la nullité du décret ; sinon, et dans le cas où le gouvernement donnerait à ce décret une extension abusive, à l'impossibilité de voter. Mais point : les auteurs du *Manuel* sont gens de composition. Avant tout ils tiennent à ce que l'on vote, coûte que coûte. Ils reconnaissent que si le décret du 25 mars devait s'appliquer aux réunions électorales, il serait *inconstitutionnel;* qu'il convient en conséquence de ne lui accorder qu'un caractère dictatorial et transitoire ; mais ils ajoutent que, si cependant le gouvernement impérial persiste à lui attribuer une portée qu'il n'a pas, du moins il y a lieu du croire qu'il ne s'applique ni aux *réunions composées exclusivement d'électeurs inscrits*, ni à celles *composées de personnes individuellement convoquées*, parce que les unes et les autres, limitées à certaines personnes, à certaines qualités, ne peuvent être réputées RÉUNIONS PUBLIQUES ; qu'en tout cas les *réunions particulières* sont libres.

Que voulez-vous que devienne un peuple, quand il est de la sorte éclairé sur ses libertés et ses droits, conduit de défaillance en défaillance par ses conseillers? Dans quelles aberrations ne se jettera pas un pouvoir qui rencontre autour de lui un contrepoids aussi peu résistant? Pareilles transactions sont une perfidie aussi bien à l'égard du gouvernement que de la nation.

Le droit de se réunir et de discuter, non-seulement les candidatures mais la politique et les actes du pouvoir, résulte pour les électeurs : 1° du grand principe posé en 89, que la Justice, c'est-à-dire la Souveraineté, est immanente au peuple ; 2° que le suffrage universel qui l'exprime est le principe, la base et le pivot du gouvernement ; 3° que ce suffrage est faillible, conséquemment révocable et toujours sujet à révision ; 4° qu'il est indépendant ; 5° qu'il a faculté délibérative et non pas simplement consultative ; 6° qu'il s'exprime, non dans des *réunions particulières*, ce qui ne remplirait pas le but de l'institution, mais en ASSEMBLÉES PUBLIQUES, formées d'après la loi des groupes naturels.

En sorte que les réunions particulières, que les auteurs du *Manuel* proposent aux électeurs comme dernier refuge de leur liberté et de leur souveraineté, sont justement une des choses dont les électeurs devraient le plus s'abstenir, si le texte plus ou moins obscur d'une loi de police ne leur en faisait malheureusement une nécessité.

Que conclure de là? une chose bien simple : c'est que le gouvernement doit être invité à s'expliquer sur le sens et la portée qu'il donne au décret du 25 mars 1852, attendu que si cette portée était telle, dans la pensée du gouvernement, que l'insinue le *Manuel électoral*, le vote deviendrait impossible. Il y aurait contradiction entre la constitution du 14 janvier et le décret du 25 mars; le suffrage universel et le gouvernement auquel il sert de base deviendraient antagonistes. De pareilles incohérences ne peuvent être tolérées : il y va de l'honneur d'un pays et de la dignité des citoyens.

« Le Corps législatif est le seul endroit où il soit désormais permis à l'opinion de se faire entendre, » ne cessent de crier ceux qui poussent le peuple au scrutin. Et ils ne voient pas que, s'il en est ainsi, c'est précisément le cas, non pas de nommer des députés, des mandataires sans mandat, puisque la teneur de ce mandat n'aurait pû être discutée et définie, mais de garder le silence.

§ VII. — Troisième motif : la presse n'est pas libre.

Je laisse de côté les lieux communs tant de fois rebattus sur la matière. Le lecteur attend de moi quelque chose de plus neuf, surtout de plus franc.

Sous l'ancien régime, la presse n'était pas libre. L'interdiction de la faculté d'écrire et de publier était de principe : c'était chose constitutionnelle, logique, légale, morale. Il ne se pouvait autrement, avec une souveraineté absolue et transcendantale, à une époque de légitimité dynastique, de hiérarchie de castes, de suprématie sacerdotale, de raison d'État, en un mot, de droit divin, indiscutable, irréformable. L'esprit humain n'en a pas moins poursuivi, dans cette servitude, sa marche triomphante. Que pouvait, contre la pensée universelle, la police absolutiste? Et puis avec le ciel il y avait des accommodements.

Depuis 1789, la presse a été déclarée libre comme la pensée elle-même : dans toutes nos constitutions, excepté dans celles de 1799 et de 1852, la faculté est reconnue formellement aux citoyens de publier leurs opinions en se conformant aux lois. La théorie des droits de l'homme et celle du suffrage universel ne permettaient pas d'accorder moins : voilà pour le principe. Dans la pratique, on a continué d'édicter force lois restrictives, motivées, non plus comme jadis sur l'inviolabilité du dogme, mais sur l'indignité, hélas ! trop souvent avérée de la presse. Et, chose triste à dire, soit par l'effet de cette police, soit surtout par la licence des écrits et l'abus des publications, le mouvement de l'esprit a éprouvé un ralentissement!...

Pour ne parler que des temps dans lesquels nous avons vécu tous, n'est-il pas vrai que depuis une trentaine d'années, depuis la révolution de Juillet, la presse périodique, je m'en tiens à celle-ci, sauf de rares exceptions qui ne regardent que les individus, s'est montrée de plus en plus faible de doctrine, incompétente, hypocrite, calomniatrice, amie du monopole, factieuse, intrigante, infidèle à ses devoirs envers le pays et envers l'État, trafiquant du mensonge, exploitant l'agiotage, vénale et lâche?... Par elle les idées ont été travesties, les principes faussés, l'histoire obscurcie, la raison publique dépravée, la langue corrompue, le pays mystifié, l'opinion prostituée ou réduite au silence? Oh! s'il m'était permis, à moi homme de doctrine, de souhaiter une révolution, ce serait, je l'avoue, dans l'espoir qu'elle poursuivrait criminellement cette presse indigne, honte de la nation et fléau de l'esprit humain....

Le 2 Décembre a entrepris, comme ses devanciers, de discipliner la presse. L'intention pouvait être bonne, et je voterais de bon cœur à l'auteur de la loi du 17 février 1852 des actions de grâces s'il avait réussi. Je ne me plaindrais pas des conditions auxquelles il a soumis la manifestation des idées, si du moins les journaux autorisés remplissaient honnêtement leur office; si, n'osant tout dire, ils ne disaient que des choses vraies; s'ils ne défendaient que des causes justes; s'ils étaient des informateurs exacts; s'ils traitaient avec loyauté et intelligence les questions qu'ils examinent ; s'il ne leur arrivait à chaque instant de mentir, à leur escient, et pour de l'argent. Malheureusement on peut dire que la corruption de la presse s'est accrue en raison directe des restrictions, répressions et entraves dont elle a été l'objet; que, sans doute contre l'attente du Pouvoir, elle est devenue pire sous le régime du 2 Décembre qu'elle n'avait été sous la république de Février et la monarchie de Juillet; que par elle surtout la raison et les libertés publiques sont mises en danger; l'esprit des institutions perverti; que le mal serait beaucoup moindre si, au lieu d'être bâillonnée et monopolisée, elle avait été simplement et d'un seul coup supprimée ; et telle est justement la raison pour laquelle je crois devoir faire de cet état de la presse en France l'objet d'une revendication électorale.

Un acte aussi solennel que le renouvellement du Corps législatif, en présence surtout du décret du 25 mars 1852, qui interdit les réunions publiques *de quelque nature qu'elles soient*, ne peut se passer de publications. *Le Moniteur*, de tous les journaux assurément le plus véridique, ne suffit pas, puisqu'il est l'organe du gouvernement, et que c'est la politique du gouvernement qui est soumise au jugement des électeurs. Or, comment se fier à une presse livrée à l'intrigue, convaincue de vénalité, et en relations flagrantes avec l'étranger? Quelle vérité en attendre et sur les affaires de l'intérieur, et sur celles du dehors? Sur toutes les questions de droit public et international, d'économie générale, d'administration, de finances, de justice, de cultes, etc., le pays, grâce aux journaux, est saturé de préjugés dont un seul, poussé à fond, suffirait à l'empoisonnement de la masse. En sorte que nous n'échappons à la ruine morale et matérielle qui sans cesse nous menace, que par la multiplicité et la concurrence de nos erreurs. Que savons-nous, par la voie des journaux, de ce qui se passe réellement en Grèce, en Pologne, en Hongrie, en Russie, en Autriche, en Allemagne, en Belgique? Que savons-nous des États-Unis, du Japon, de l'Afrique, de la Chine et de la Cochinchine? Rien, puisque la presse périodique tout entière est inféodée, je ne dirai pas à des partis, ce qui pourrait être honorable, mais n'est plus vrai, attendu que les journaux, au lieu de servir les partis qu'ils représentent, les exploitent et les vendent; elle est inféodée, dis-je, à des compagnies financières et industrielles, à toutes sortes d'intérêts occultes, qui ne laissent passer que ce qu'il leur convient que le public sache. Que savons-nous de nos propres affaires, traités de commerce, concessions, expéditions, bourse, travaux publics, etc.? Toujours rien, puisque les journaux soi-disant indépendants sont tous à la dévotion, soit du gouvernement qui ne leur communique que ce qu'il veut, soit des influences payantes qui ne communiquent également ou ne permettent de dire que ce qu'elles veulent. Certain journal accusait naguère l'un de ses confrères d'avoir *affermé* son bulletin de la Bourse. Autant aurait valu l'accuser crûment de complicité dans une entreprise d'escroquerie. L'accusation resta sans réponse; mais elle ne fut pas non plus reproduite, que je sache. Si pourtant la presse avait été libre, sans compter qu'un pareil marché eût été impossible, la dénonciation aurait été carillonnée, le journaliste coupable honni, et la feuille vénale obligée peut-être de disparaître. Un autre, et des plus honnêtes, à qui l'on présentait une note contre une compagnie de chemin de fer, répondit : « Nous recevons des Compagnies, bon an mal an, pour 12,000 fr. de passes ; nous ne pouvons rien publier contre elles. » Je sais tel qui depuis dix ans est en instance auprès du ministre de l'intérieur pour obtenir l'autorisation de fonder un journal. Supposez que le jour où l'insertion de cette note anti-bancocrate fut refusée, le ministre eût fait droit à la demande du solliciteur dont je parle, celui-ci aurait, et j'en réponds, dès son premier numéro, publié la note avec la réponse du journaliste, et commencé sur-le-champ la guerre aux Compagnies et à la presse inféodée, ce qui veut dire, Dieu me pardonne, à la presque totalité des journaux.

Maintenant les journalistes ne se contentent pas de trafiquer, aux dépens de la vérité et de l'intérêt général, de la publicité dont ils disposent ; ils aspirent à représenter au Corps législatif le pays qu'ils endoctrinent, et nous les voyons de tous côtés poser leurs candidatures et leurs prétentions rivales. Les discussions les plus amusantes se passent entre eux à la barbe des électeurs : *Passez-moi la rhubarbe et je vous passerai le séné* ; appuyez ma candidature et j'appuierai la vôtre ; fusionnons nos listes, et moquons-nous des comités. Il en est des journalistes sollicitant les suffrages de l'opposition comme des légistes qui, dans leurs consultations électorales, après avoir dénoncé les iniquités du système, concluent pour le vote et tonnent contre l'abstention : tous, au fond, se trouvent bien du régime établi, et n'aspirent qu'à joindre à leur spécialité professionnelle les honneurs et bénéfices de la carrière politique.

Dans d'autres conditions, il n'y aurait nulle inconvenance à ce qu'un journaliste reçût le mandat de député; mais comment ne voit-on pas que, dans les circonstances actuelles, il existe une triple incompatibilité morale entre le mandat de député et la qualité de journaliste : d'abord, parce que la presse n'est pas libre politiquement; en second lieu, parce qu'au point de vue des intérêts industriels, elle ne donne pas des garanties suffisantes de probité; enfin, parce que le journaliste qui pose sa candidature et qui en même temps forme l'opinion de ses abonnés, est dans une situation analogue à celle du Gouvernement rendant ses comptes à des contrôleurs qui sont ses propres créatures (1)?

Je ne demande pas la suppression des journaux existants, Dieu m'en garde! Je dis seulement que la situation faite aux électeurs par une presse monopolisée est pire que s'il n'y avait pas de presse; et puisque le journalisme ne peut être amendé que par lui-même, c'est-à-

(1) Un journal, un seul, le *Temps*, s'est avisé de soutenir qu'il y avait incompatibilité entre le mandat de député et la profession de journaliste. Mais il n'a vu la chose qu'au point de vue de la liberté politique, c'est-à-dire des avertissements et menaces de suppression : il a laissé de côté les considérations tirées du monopole des journaux, par suite de leur inévitable vénalité; à plus forte raison n'a-t-il eu garde de comprendre que de la situation faite à la presse il y avait lieu de conclure, non pas simplement à une incompatibilité particulière, mais à une abstention générale. Avec l'inconséquence qui lui est ordinaire le *Temps*, adversaire des candidatures journalistiques, est resté partisan déclaré du vote : ce qui lui a valu la gloire, cette fois, d'être seul de son opinion.

dire par la libre concurrence, je conclus à ce qu'il plaise au gouvernement de l'Empereur abroger la loi du 25 février et déclarer la presse libre, faute de quoi le suffrage universel, empêché dans ses moyens d'information, est atteint dans sa franchise et menacé dans son principe.

§ VIII. — Quatrième motif : Les circonscriptions électorales.

On a vu précédemment, § iv, comment, pour dégager la pensée d'une assemblée délibérante, on forme cette assemblée en deux séries de groupes, discutant et délibérant séparément avant de discuter et voter en assemblée générale. Il en est absolument de même, avons-nous dit, d'une grande nation, appelée à faire connaître directement sa volonté par le suffrage universel. L'expression de la volonté populaire doit être comme la pensée des législateurs, synthétique, ce qui ne peut avoir lieu que par le vote distinct des groupes naturels.

C'est ce qu'un député, ami du gouvernement, M. Plichon, a fort bien compris, quand il a fait la critique des circonscriptions actuelles, et qu'il a supplié le gouvernement, dans l'intérêt de l'Empire autant que du Pays, de revenir aux anciens usages.

Avant la Révolution, chaque province avait ses *États* particuliers ; la convocation par le roi de ces États divers en assemblée générale, formait ce qu'on appelait les *États-Généraux*. Depuis, nous avons eu les colléges électoraux de départements et d'arrondissements, dont les députés réunis en une même chambre ont formé la représentation nationale. Là venaient s'exprimer et se fondre toutes les pensées locales : il y avait la pensée bordelaise, la pensée bourguignonne, la pensée languedocienne, la pensée provençale, la pensée bretonne, normande, dauphinoise, picarde, lorraine, alsacienne, etc. De toutes ces pensées se formait la pensée du pays, la vraie pensée française.

Aujourd'hui ce système a presque disparu : il n'y a plus d'idée locale, partant plus d'idée nationale. On le voit à la faiblesse de volonté, à la décoloration du Corps législatif, dépouillé de ses anciennes prérogatives, et conduit par la dépendance de sa position, à s'effacer de plus en plus devant la pensée du gouvernement. L'autorité impériale, en effet, voilà la pensée nationale. Et, il faut bien le dire, c'est la démocratie qui, par son aversion de toute virtualité excentrique et son adoration de l'unité, a déterminé sous ce rapport l'esprit de la Constitution nouvelle. Les anciens groupes donnés par la nature, et que l'on considérait jadis comme des personnes morales, dont la libre action était aussi respectable que celle de l'individu, ont été dissous.

Il s'agissait pour le Gouvernement d'appliquer les art. 34 et 35 de la Constitution, qui disent :

« L'élection a pour base la population ;

« Il y aura un député au Corps législatif à raison de « 35,000 électeurs. »

Qu'a-t-on fait? On a créé des circonscriptions qui rompent et dénaturent la pensée locale, et neutralisent la portée du vote. Les conséquences de cette innovation sont graves ; elles ne tendent à rien de moins qu'à anéantir la vie politique dans les villes, communes et départements ; et, par cette destruction de toute autonomie municipale et régionale, à arrêter dans son développement le suffrage universel. Au lieu de former un organisme vivant, où la pensée se produit avec d'autant plus d'éclat que l'organisation est plus complexe, le corps de la nation ne forme plus qu'une agglomération de molécules élémentaires, un amas de poussière, qu'agite une pensée extérieure et supérieure à lui, la pensée centrale. A force de chercher l'unité, nous avons sacrifié l'unité même.

Aussi qu'arrive-t-il ? Le département se sent dépourvu de génie propre, cherche ses inspirations au dehors ; le chef-lieu suit son exemple. Tout le monde se tourne vers le siége du gouvernement, parce que chez soi l'on sent qu'on n'est rien. — Vous nous demandez des députés? Eh ! quels députés voulez-vous que nous vous envoyions ? Désignez vous-mêmes les candidats !...

Ce qu'il y a de plus triste, c'est que l'opposition démocratique, au lieu de retenir le gouvernement sur cette pente, fait comme lui. Concentrée à Paris, elle envoie aux départements, en concurrence des députés ministériels, des députés d'opposition. Ainsi le peuple français abdique sa prérogative ; l'esprit de liberté s'éteint, l'idée du contrat politique s'efface, et la nationalité tant revendiquée s'évanouit. Il n'y a plus de société : c'est un peuple de prétoriens, tantôt en uniforme, *milites*, tantôt en blouse ou habit, *quirites*, mais toujours évoluant, comme dans un champ de manœuvre, au commandement du grand élu, *Imperator*.

Sans doute je ne prétends pas que le suffrage universel, une fois, deux fois exercé dans ces conditions, ait été radicalement impuissant, et qu'on doive tenir les deux dernières législatures comme inconstitutionnelles, leurs travaux comme nuls et non avenus. Les institutions d'un grand pays ne se créent pas tout d'une pièce : il y a de longs tâtonnements. J'ai simplement voulu dire que, le système du droit divin ayant été abrogé, si la Révolution qui a pris sa place est arrêtée ou faussée dans le développement de son idée ; si le grand ressort, à savoir la souveraineté individuelle et locale, est brisé, la société tout entière est mise en péril, l'arbitraire ne pouvant, même avec le consentement des masses, se prolonger, sans amener la mort politique de la nation, par suite la dissolution de l'État. La Pologne est morte de son anarchie ; nous périssons de notre excès de soumission au pouvoir central. Au corps électoral il appartient de se prononcer, alors qu'il en est temps encore, et que de toutes parts les opinions les plus modérées appellent une réforme.

§ IX. — Cinquième motif : Centralisation des municipalités ; ville de Paris.

Les considérations qui précèdent acquièrent une nouvelle force du régime fait depuis huit ans aux municipalités, notamment aux villes de Paris et Lyon.

D'après la loi du 5 mai 1855, « le maire et les ad« joints sont nommés par l'Empereur dans les chefs-lieux

« de département, d'arrondissement et de canton, et « dans les communes de 3000 habitants et au-dessus. — « Dans les autres communes, ils sont nommés par le pré- « fet, au nom de l'Empereur. Ils peuvent être suspendus « par arrêté du Préfet et révoqués par décret de l'Empe- « reur.

« Les conseillers municipaux sont élus par les habi- « tants ; mais à Paris et à Lyon, ils sont *nommés par l'Em- « pereur.* ».

En sorte que la commune française a perdu son indépendance : c'est une succursale de la préfecture ; Paris et Lyon, comme les deux plus considérables, se sont vu enlever jusqu'à leur faculté délibérative, puisque leurs conseillers étant nommés par l'Empereur forment, non plus un conseil municipal, mais bien une commission impériale.

D'après la même loi du 5 mai 1855, les Préfets ont encore le droit, en vue des élections municipales, de diviser les communes en circonscriptions électorales, et de répartir entre ces circonscriptions le nombre des conseillers à élire, en tenant compte du nombre des électeurs.

La loi du 5 mai 1855, en réservant à l'Empereur la nomination des maires et adjoints, et en attribuant aux Préfets le droit de diviser les communes en sections distinctes et rivales, a voulu prévenir toute velléité d'insurgence contre l'autorité centrale. Mais elle n'a pas réfléchi qu'en poursuivant ce but, non-seulement elle détruisait l'institution communale, elle portait une grave atteinte au suffrage universel et à la Constitution elle-même. Comment les auteurs du *Manuel électoral* n'ont-ils pas relevé cette incohérence? Comment n'ont-ils pas vu qu'entre la loi de 1852 et celle de 1855, la première relative au suffrage universel, la seconde concernant l'organisation municipale, il y avait incompatibilité essentielle, d'où résulte un antagonisme destructeur?

« Les municipalités, disent-ils d'après Mirabeau, sont « la base de l'état social, le salut de tous les jours, le seul « moyen possible d'intéresser le peuple au gouvernement « et de garantir tous les droits... C'est au sein de la « commune que nos pères ont commencé l'acte héroïque « de l'affranchissement... Ils ont tour à tour payé de leur « fortune et de leur sang les droits politiques garantis par « les institutions et les grands principes de 89 : nous leur « devons de conserver ces droits intacts. »

Après de telles prémisses, une seule conclusion était admissible, c'est que l'indépendance municipale étant intimement liée à l'exercice du suffrage universel, les électeurs doivent s'abstenir de toute élection pour le Corps législatif jusqu'à ce qu'il ait été pourvu à l'indépendance de la commune par une modification de la loi.

Pour moi, je demande la permission d'exprimer, sous forme de question, un doute : Le vote de Paris, par exemple, peut-il, je ne dis d'après la lettre de la loi, mais en bonne philosophie constitutionnelle, être réputé valable?

Paris, dont l'opinion jadis régissait la France, dont l'initiative entraînait provinces et départements, Paris est destitué de son autonomie ; il n'a point de vie communale ; son administration, ses finances, sont aux mains de l'autorité centrale. Il vote, *ut capitis minor*, c'est-à-dire comme une personne déchue, incapable.

Supposez qu'on applique aux collectivités, aux personnes morales, comme on disait autrefois, le principe des incapacités prévues par la loi du 2 février 1852, Paris devra être rangé dans la catégorie des sujets exclus du vote, soit parce qu'ils ne sont pas en puissance d'eux-mêmes, soit parce que la justice les a frappés de déchéance: femmes, mineurs, aliénés, faillis, forçats, condamnés libérés, etc. Une ville en état de siége peut-elle dignement voter? Une ville conquise votera-t-elle? J'en dis autant d'une ville sans autorité municipale; elle est décapitée. Paris, pour raison d'État, est civilement interdit, et interdit à perpétuité, s'il faut en croire la déclaration faite à la tribune par M. Billault. Je conçois que le Pouvoir, adoucissant les conséquences de l'interdiction, ait conservé à ce Paris révolutionnaire la faculté de nommer neuf députés au Corps législatif : mais comment les électeurs parisiens pourraient-ils s'en contenter? Et quel conseil à leur donner que de se prévaloir d'une semblable concession?...

S'il est une réforme qui doive paraître d'urgence au gouvernement de l'Empereur, c'est assurément celle-là. Paris, avec l'existence factice que les temps lui ont faite, est en train de perdre sa nationalité; Paris n'est déjà plus qu'à moitié français. Ce ne serait pas trop de la plus puissante organisation municipale pour combattre les influences cosmopolites qui l'assiégent, et loin que l'Empereur substituât à la liberté de ce grand groupe son autorité, il devrait être le premier à le délivrer de toute entrave:

Le pouvoir du lord-maire, à Londres, a grandi avec la Cité : on ne verra jamais les ministres de la Reine, sous prétexte que Londres est une ville de deux millions et demi d'habitants, la capitale du commerce du globe, en remplacer la municipalité par une commission du gouvernement. Quelle gloire pour le Paris de Henri IV et de Louis XIV, de la Révolution et du premier Empire, d'être devenu le caravansérail de l'Europe ! Tous les étrangers s'y donnent rendez-vous : les uns pour leurs plaisirs ; les autres pour leurs affaires personnelles ou pour celles de leurs gouvernements ; aucun, à coup sûr, pour l'exaltation de la vie et de la nationalité française. Que leur font nos libertés nationales ? A Paris ils sont à l'aise, pourvu que la police y maintienne l'ordre et que la marée arrive. L'Anglais vit en pensée à Londres, quand il est de corps à Paris : ainsi font le Suisse, le Belge, le Hollandais, l'Allemand, le Russe, l'Américain, etc. Loin que l'étranger se soucie de notre développement, il se félicite de notre contrainte et ne nous apporte que son contingent de vices. C'est par là qu'il se fait peu à peu notre maître, et que, tout en se présentant comme hôte, il agit à notre égard en exploiteur. Le gouvernement accuse sur une population de 1,953,000 habitants pour le département de la Seine 325,000 électeurs. J'avoue que ce chiffre m'étonne, et ce n'est pas moi qui chicanerai sur les listes. Un cinquième de la population parisienne se compose d'étrangers ; un autre cinquième de ceux qui les servent, les logent, les abreuvent, les restaurent et pourvoient à leurs plaisirs ; un troisième cinquième comprend l'armée, les fonctionnaires, mendiants, etc. ; il n'y a pas deux cinquièmes de vrais citoyens. On vient à Paris comme on allait autrefois au carnaval de Venise : Venise fut aussi dans son temps une cité cosmopolite. Eh bien ! qu'est devenue Venise ? On vient à Paris comme on allait à Rome, au temps de la gloire des Papes : et qu'est-ce maintenant que Rome ? Paris, dites-vous, est le cœur et le cerveau de la France. Rendez donc à Paris son indépendance municipale : sinon, je vous le dis, Paris, ville impériale, ville cosmopolite, ville de plaisir, de prostitution et d'intrigue, Paris, avec tout son luxe, n'est qu'une Babylone ; il finira comme Babylone. Il n'a plus rien à dire à la France ; son vote le plus énergique ne sera jamais que celui d'une pâle opposition, qu'un despotisme avisé solliciterait à prix d'or, s'il n'avait à peu près la certitude que la badauderie électorale ne le lui refusera pas.

§ X. — Sixième motif : Prestation du serment.

La condition préalable du serment, imposée aux candidats par le sénatus-consulte du 17 février 1852, constitue, selon les auteurs du *Manuel électoral*, une *énorme restriction au droit des électeurs, qui ne sont plus libres de porter leur choix sur un citoyen qui ne se présente pas lui-même.* — Voilà tout ce qu'ont vu ces Messieurs dans la formalité du serment. Cela dit, les honorables écrivains passent outre, et ne s'occupent plus que d'instruire électeurs et candidats de ce qu'ils ont à faire pour l'accomplissement de cette importante formalité.

N'est-ce point ce qu'on appelle vulgairement *chercher la petite bête?* La pudeur des candidats, qui, d'après les règles de la civilité puérile et honnête, doivent toujours paraître accepter ce que trop souvent ils sollicitent sans attendre qu'on le leur offre, est certes la moindre chose dont se doive préoccuper ici le publiciste jurisconsulte. Dès lors que le serment est exigé du candidat, personne ne peut être choqué de ce qu'il *se présente lui-même;* et l'on sait de reste que la modestie d'un personnage parlementaire ne consiste pas dans ces vaines apparences. La vraie question est dans le serment en lui-même, serment exigé du député élu par le suffrage universel, comme il l'était jadis du député élu par un corps d'électeurs censitaires; serment qui, en obligeant le député, oblige les électeurs eux-mêmes, dont ceux-ci se rendent conséquemment participants, et, dans une certaine mesure, garants. Par le serment du député, en effet, comme par celui du candidat, la démocratie tout entière, opposante ou dynastique, dès lors qu'elle vote, se trouve assermentée : il est bon qu'elle le sache, afin que personne ne vienne un jour décliner sa part de responsabilité, quelle qu'elle soit.

Quelle est donc la valeur de ce serment, et que faut-il en penser au point de vue qui nous occupe, c'est-à-dire des élections pour le Corps législatif?

D'après le rapport des journaux, M. Odilon Barrot ou M. Thiers, je ne sais lequel, aurait dit dans une réunion tenue chez M. de Broglie, que le serment aurait pu devenir un cas de conscience embarrassant sous un monarque irresponsable, tel que Charles X ou Louis-Philippe; mais qu'avec un empereur responsable tel que Napoléon III, il n'y avait pas à s'en inquiéter.

Ainsi, le parti orléaniste ou doctrinaire est d'accord avec les mazziniens et les jésuites sur la manière d'interpréter et d'éluder un serment. C'est bon à noter. Et nous, démocrates ou républicains, quelle théorie est la nôtre?

Je ne répéterai point ici ce que j'ai dit ailleurs (1) du serment politique, et qui met à néant toutes les restrictions mentales des vieux casuistes. Le serment est de sa nature inviolable; il est absolu, ne comporte ni distinction ni cas résolutoire. C'est un pacte de dévoûment, ou pour mieux dire une consécration volontaire d'une personne à une autre : toute réserve exprimée ou sous-entendue en changerait l'essence et le transformerait en un contrat ordinaire. Le serment, en un mot, doit être respecté quand même; sinon l'on devient parjure. Que si le serment répugne à la conscience, le devoir est de ne pas le prêter, puisque s'il devait être tenu l'on manquerait à la justice, et s'il ne devait pas l'être on tromperait celui à qui on l'aurait prêté, en sorte que dans tous les cas il y aurait félonie. Je laisse, dis-je, de côté ces considérations de morale, pour ne m'occuper que de politique.

D'une part l'art. 5 de la Constitution de 1852 déclare l'Empereur *responsable devant le peuple français*. De l'autre, l'art. 14 impose le serment aux membres du Corps législatif; et le sénatus-consulte du 17 février 1858, pour mettre fin aux refus de serment qui s'étaient produits à plusieurs reprises au sein du Corps législatif, a fait de la

(1) *Du Principe Fédératif*, page 286, grand in-18, Paris, DENTU.

prestation préalable et par écrit de ce même serment, une condition de toute candidature.

Mais ni l'auteur de la Constitution, ni les sénateurs qui l'ont interprêtée, ni les rédacteurs du *Manuel électoral*, ni M. Odilon Barrot et ses amis, ne paraissent avoir réfléchi à une chose, c'est que les articles 5 et 14 de la Constitution impliquent contradiction et sont incompatibles. Si l'Empereur est responsable comme l'était, avant et après le 2 Décembre, le président de la République, la formalité du serment imposée aux députés demeure sans effet, puisque les députés ont pour mandat de contrôler, au nom du peuple, les actes du gouvernement ; qu'à cet effet ils ont la faculté de refuser l'impôt, ce qui suppose que lesdits contrôleurs sont indépendants du prince, non inféodés par serment à sa prérogative. Si, au contraire, on soutient que ce serment est valide, alors c'est la responsabilité impériale qui devient nulle, aussi bien devant les électeurs que devant les députés. Que reprocher à un Empereur qui aurait pour lui l'approbation de ses ministres, de son Sénat, de son Conseil d'État et de son Corps législatif?

L'idée de la prestation du serment par les députés est un emprunt fait soit à l'ancienne monarchie de droit divin, soit à la monarchie constitutionnelle, soit à la tradition césarienne. Mais dans tous ces systèmes, le prince était irresponsable et sa personne sacrée. A Rome, l'empereur était dictateur, consul, tribun, souverain-pontife, père de la patrie. Pour lui, on avait édicté de bonne heure des lois de majesté. De deux choses l'une : ou déclarez Napoléon III irresponsable et inviolable, et sous ce rapport rentrez dans le système de 1814-1830; ou bien affranchissez du serment les députés, mandataires du suffrage universel. Dans l'une comme dans l'autre alternative, la Constitution de 1852 exige une réforme.

Peut-être, pour concilier ces termes, dira-t-on que le serment de fidélité à l'Empereur s'adresse à l'institution plutôt qu'au prince, en sorte que le premier sujet de l'empire serait l'Empereur lui-même. Mais, sans compter que cette distinction entre l'Empire et l'Empereur serait, dans la pratique, inadmissible, une autre contradiction surgirait qui achèverait de ruiner, en logique, la formalité du serment. Par les articles 31 et 32 la Constitution impériale est déclarée susceptible de modification. J'ai montré précédemment, § I, que c'était justement par ce côté que la Constitution de 1852 se rapprochait le plus de la pensée de 89, et se distinguait tout à la fois tant des gouvernements de droit divin que des monarchies dites constitutionnelles. Tandis, ai-je dit, que dans celles-ci l'organisation électorale est la partie variable et l'organisation du pouvoir ou les formes du gouvernement la partie invariable, dans le système impérial, c'est le gouvernement tout entier qui est sujet à remaniement, et le suffrage universel qui demeure immuable. Comment donc le député promettrait-il fidélité à une Constitution dont la mutabilité est affirmée et prévue, à un être de raison, indépendant de la personne du prince, que dis-je? à un système dont chaque citoyen a le droit, article 45, de demander la modification?

Que la démocratie, avant de s'aventurer dans le futur scrutin, y réfléchisse : il ne s'agit point ici de ruser avec la conscience en prêtant un serment équivoque, bien moins encore de sauver la dignité de ses candidats. Je sens profondément ce que la formalité du serment, préalable et postérieur, a de pénible pour un républicain, frappé dans ses sentiments d'égalité civique ; mais je le répète, ce désagrément, tout personnel, est ici la moindre des choses. Il s'agit de maintenir la souveraineté électorale, incompatible avec le serment des députés ; de dire, enfin, si le chef de l'État a pour auteur, comme le porte le préambule de la Constitution, le suffrage universel, ou si le suffrage universel est sa créature. Deux portes de perdition sont ouvertes devant vous, électeurs : l'une qui, par l'article 14, de sinistre mémoire, vous conduit au despotisme; l'autre qui, par l'article 5, mène à la trahison et à la révolte. Armés contre le prince de la responsabilité qui lui incombe, les députés pourraient, à un instant donné, se tourner contre lui en se déclarant déliés de leur serment ; armé contre les députés du serment qu'ils lui doivent, l'Empereur peut à son tour, par une sorte de contrainte morale, forcer leur consentement à ses entreprises les plus téméraires et rendre sa propre responsabilité illusoire. A vous de voir si, par vos suffrages, vous voulez perpétuer un tel état de choses.

§ XI. — Septième motif : Que le suffrage universel n'est plus égal a lui-même et identique.

Le suffrage universel, en renversant le système absolutiste et niant le droit divin, a fait deux choses : 1° il a affirmé sa propre souveraineté ; 2° il s'est déclaré faillible, sujet à erreur, par conséquent toujours et par lui-même réformable. La Constitution de 1852 le reconnaît, art. 31 et 32, quand elle attribue au Sénat et au peuple la faculté de modifier la Constitution. De la combinaison de ces attributs, savoir, la souveraineté du suffrage universel et sa réformabilité, il résulte qu'aucun de ses actes ne peut créer une fin de non-recevoir contre un autre et prescrire contre la volonté du peuple, en autres termes, que le suffrage universel, tout en se révisant et se déjugeant, reste égal à lui-même et identique.

Le droit de se réviser sans déchoir est tellement de l'essence du suffrage universel, qu'on peut aller jusqu'à assigner une durée extrême à ses constitutions, celle de quinze ans, par exemple, par cette raison décisive qu'au bout de quinze ans les choses ne sont plus les mêmes, que la majorité électorale s'est déplacée, et qu'une génération ne peut se trouver engagée par une autre. C'est d'après ce principe que dans les États démocratiques le président de la République et les représentants du peuple sont soumis à la réélection, tandis que dans les États de droit divin, l'empereur, le roi, le pontife, le sénateur ou noble, le prêtre, le juge, etc.. sont inamovibles.

Or, qu'arrive-t-il avec la faculté de direction que s'attribue le gouvernement à l'égard du suffrage universel ; avec le décret du 25 mars qui soumet à l'autorisation *les réunions*, et conséquemment les *discussions publiques, de quelque nature qu'elles soient;* avec le régime fait à la presse ; avec le remaniement des circonscriptions électorales et la dépendance des municipalités ; enfin, avec la prestation du serment? C'est que le suffrage universel, dont la négation suffirait pour faire avertir et peut-être supprimer un journal, est dans un état de sujétion vis-à-vis du pouvoir auquel il sert de base ; qu'il tend ainsi à déchoir de sa propre autorité; qu'on n'est pas fâché de faire croire que certains de ses actes sont irrévocables, tandis que les autres ne valent que pour un temps; que sur certaines choses il n'aurait pas la liberté de se dédire et de se prononcer autrement que le gouvernement son élu.

En un mot on voudrait, par la manière dont les élections sont aujourd'hui réglementées, faire prévaloir cette doctrine soutenue par divers auteurs, que la souveraineté du peuple ne s'exerce pas d'une manière permanente et directe, mais qu'elle consiste simplement dans la cession que le peuple en a faite lorsqu'il a nommé l'Empereur, cession dont le renouvellement du Corps législatif tous les six ans ne serait qu'une confirmation périodique.

Certaines gens, par exemple, ont l'air de croire que les *plébiscites*, comme on affecte de les nommer, de 1851 et 1852, sont des manifestations extraordinaires, irrévocables par nature, et qui sous ce rapport diffèrent des autres actes, plus ou moins solennels, émanés du souverain. C'est là une erreur des plus graves, tout aussi condamnable que celle qui consisterait à nier brutalement la capacité politique, la compétence et la légitimité du suffrage universel. Toute affirmation du suffrage universel est un *plébiscite*, et tous les plébiscites se valent. Il ne faut pas que ce mot, emprunté à la langue des Romains, fasse illusion aux simples : PLÉBISCITE, de *plebs*, la plèbe ou le peuple, et *scire*, savoir, est le su du peuple, c'est-à-dire une proposition émanée de sa science (plus ou moins certaine), et passée en force de loi.

Le suffrage universel, redisons-le, est la forme de l'autocratie populaire, indéfectible et immuable. Sans doute il ne statue pas pour l'éternité : s'il en était ainsi, il ressemblerait au droit divin dont il s'est séparé solennellement. Le suffrage universel est progressif comme l'homme, comme la civilisation; sa prérogative consiste à pouvoir se réviser incessamment lui-même : là est le principe, la condition politique de notre perfectibilité. Ces variations incessantes qui, au point de vue d'une Église infaillible, d'un dogme absolu, d'une institution immuable, sont le signe authentique de l'erreur (BOSSUET, *Histoire des Variations*), sont, au contraire, précisément ce qui fait la force, la certitude et la gloire de la Révolution.

C'est par là que la Constitution de 1852 peut se dire plus libérale que la Charte de 1814-1830. Ici, par une dérogation aux principes de 89, le roi, en même temps qu'il était déclaré irresponsable et inviolable, devenait *légitime*, ce qui voulait dire essentiel à la constitution, par suite, indiscutable, inamovible dans sa personne et dans sa dynastie : la simple proposition de retrancher la royauté de la Charte comme un rouage inutile, absurde en elle-même, eût été traitée d'attentat et punie sévèrement. D'après la Constitution du 14 janvier 1852, au contraire, et d'après les principes de droit public qu'elle a établis, le Président, élu pour dix ans, est le mandataire responsable et temporaire de la nation : si plus tard, le 20 novembre 1852, le peuple lui a conféré la dignité impériale à vie, avec hérédité dans sa descendance, il faut dire, pour rester dans l'esprit de la Constitution et du suffrage universel, que le peuple a fait acte en cela de haute munificence en faveur d'un personnage qu'il appelait *Libérateur* et *Sauveur;* qu'il a voulu surtout le recommander, lui et sa descendance, à la postérité, afin de perpétuer autant que possible, dans une sorte de dynastie populaire, le souvenir d'un aussi grand événement. Aux termes de la Constitution et des sénatus-consultes qui à diverses reprises sont venus la modifier, la dynastie impériale, postérieure à cette Constitution et produit du suffrage universel, coexiste avec celui-ci, mais ne lui est point essentielle, intrinsèque, inhérente ; ils sont associés, non connexes ; il n'y a pas solidarité entre eux ; tout ce qu'on peut dire est qu'aux termes des sénatus-consultes, il n'y a pas non plus incompatibilité. C'est ainsi qu'à Rome la famille de César devint famille impériale et occupa le trône depuis la mort du dictateur jusqu'à celle de Néron, pendant un laps de cent douze ans ; c'est ainsi que les Antonins fournirent à leur tour trois générations, et qu'il en fut encore de même de la famille de Constance Chlore et de celle de Théodose. Rien n'empêchait légalement ces familles de se maintenir sur le trône aussi longtemps que durerait l'empire : mais le peuple n'abdiqua jamais pour cela son droit d'élection ; jamais, dans l'Empire, le droit dynastique ne fut revendiqué par un aspirant à la pourpre, pas plus en Orient qu'en Occident.

Il en est ainsi du droit public qui nous régit. En principe, l'élément dynastique ne fait point partie intégrante de la Constitution de 1852, comme la royauté faisait partie de la Charte; c'est une addition qui a été faite après coup par un plébiscite. En sorte que le même Sénat qui, *en vertu des articles* 31 *et* 32 *de la Constitution*, d'accord avec Louis-Napoléon, a soumis à l'acceptation du peuple français *le rétablissement de la dignité impériale* (voir le sénatus-consulte du 7 novembre 1852), pourrait, en vertu des mêmes articles, soumettre au peuple une proposition diamétralement contraire, sans que l'on pût dire que la Constitution est violée. Or une pareille radiation n'aurait pu être faite sur la Charte de 1830. Le roi avait sans doute, comme l'Empereur, la faculté d'abdiquer; mais ni lui ni les chambres n'auraient pu retrancher de la Charte le principe dynastique : c'eût été le renversement du système, une révolution.

Aucune fin de non-recevoir tirée des droits que l'Empereur tient de la nation ne peut donc être opposée au suffrage universel, aucune prescription, aucune incompatibilité alléguée contre la souveraineté du peuple. Loin de là, s'il était possible de concevoir aujourd'hui, comme faisaient les anciens, que le salut du peuple exigeât le sacrifice, je ne dis pas seulement de l'autorité, mais de la personne du prince, l'Empereur devrait s'immoler lui-même : le plébiscite qui l'a élu ayant fait de lui, non un despote oriental retranché dans son égoïsme, non un fétiche qui écrase sous les roues de son char les populations prosternées, mais, selon la tradition démocratique, un Codrus, un Curtius, un Décius, en un mot un homme de dévouement.

Il n'est pas question en ce moment. Dieu merci, de demander au chef de l'État un témoignage aussi héroïque : ni sa personne, ni sa dynastie, ni son pouvoir constitutionnel ne sont en jeu. Il s'agit de sauver d'une dégradation imminente, qui? la nation elle-même, le suffrage universel. Que les élections de 1863 s'accomplissent dans les conditions qui leur sont faites ; que le Corps législatif soit renouvelé, sans protestation ni réserve, par le vote plus ou moins bénévole mais parfaitement insignifiant des citoyens ; que le parti démocratique, impatient de tout principe et de toute conduite, se donne la joie de nommer douze ou quinze orateurs d'opposition, et sanctionne ainsi, par son suffrage contradictoire, ce fatal scrutin : et, je le dis le cœur navré d'amertume, la liberté et la vie politique n'ont plus en France qu'une ressource, c'est que le gouvernement impérial, épouvanté de cette défaillance morale de tout un peuple, convaincu de l'énormité du péril, se décide à rappeler la nation à l'existence en établissant d'après les vrais principes le suffrage universel, et en s'exposant volontairement à la rage des partis et à la brutalité des masses.

§ XII. — Caractère et signification de l'abstention dans les circonstances présentes.

Si l'abstention devait par elle-même, comme le lui reprochent certains conseils intéressés, avoir pour effet de hâter dans le pays l'extinction de la vie politique, ce dont j'accuse précisément le régime électoral actuel ; ou si c'était un prélude à l'insurrection, un piége tendu à la bonne foi des électeurs, une machination contre le Pouvoir, je serais le premier à la déconseiller, et je mettrais tout mon zèle à en détourner les citoyens. Les rôles alors, remarquez ceci, seraient intervertis. On verrait les *hommes d'action* (les hommes d'action en ce moment sont ceux qui votent) combattre le scrutin et se faire abstentionnistes, tandis que moi je passerais du côté opposé, dans le camp de la légalité contre le désordre, des vivants contre les morts.

Mais l'abstention, méconnue par les praticiens inintelligents du suffrage universel, est une faculté essentielle de l'électeur; elle fait partie du droit électoral; elle peut devenir, pour les comices populaires, aussi bien que pour les membres d'une assemblée, un moyen de manifestation aussi efficace que pacifique et légal : c'est pour cela sans doute que nos prudents conseillers n'en veulent pas. Ils trouvent plus beau de revenir aux joûtes parlementaires du règne de Louis-Philippe, et de faire déposer solennellement dans l'urne, par des électeurs d'opposition, un bulletin qui, dans le fait, sera le pacte d'alliance entre la susdite opposition et le gouvernement.

Remarquez d'abord qu'il n'y a pas de loi en vertu de laquelle on puisse faire de l'abstention électorale un délit politique, une sorte de coalition anti-gouvernementale ou anti-parlementaire. L'article 414 du Code pénal, relatif aux coalitions des maîtres et des ouvriers, n'a pas son analogue en matière électorale et ne peut pas l'avoir. Ce serait quelque chose de contradictoire, puisque toute candidature, toute opinion, publiquement débattue, implique de fait et de droit coalition ; puisque d'ailleurs le gouvernement ne peut rendre le vote obligatoire, pas plus qu'il ne peut imposer ses candidats ; puisqu'enfin le scrutin est secret. C'est une coalition d'électeurs qui nomme le candidat du ministère ; c'est une autre coalition qui pose le candidat d'opposition ; ce sera, si vous voulez, une troisième coalition qui, ne voulant ni de l'un ni de l'autre, et jugeant la situation des électeurs inacceptable, s'abstiendra. Tout cela est de plein droit et compris dans la loi : il n'y a pas le plus petit mot à dire.

Mais, pour qu'une abstention vaille, comme manifestation du suffrage universel, pour qu'elle ne soit pas réputée à omission, impuissance ou indifférence, il faut qu'elle ait une signification positive, que de plus elle ne demeure pas stérile. Parmi les électeurs il en est qui, sans vouloir aucunement la chute de l'Empire, sont médiocrement satisfaits de sa politique et demandent le rétablissement des anciennes garanties constitutionnelles et des libertés publiques. D'autres vont au delà, appelant de tous leurs vœux un développement plus rapide des principes de 89, quelques-uns même un retour aux formes de 93...

Je n'ai point à me prononcer entre ces nuances. Je ne fais point en ce moment œuvre de parti ou d'école ; je confonds dans une seule et même catégorie tous les amis du droit et de la liberté, tous ceux qui, se préoccupant moins des personnes que des choses, des drapeaux que des principes, regrettent les libertés et les garanties que depuis quinze ans les événements nous ont fait perdre, et je leur dis :

Voulez-vous, par le plus court chemin, revenir à ces libertés et à ces garanties? Le suffrage universel vous en offre le moyen. Selon que vous allez l'exercer, selon que vous saurez en comprendre les droits et en remplir les devoirs, vous obtiendrez du gouvernement la satisfaction que vous demandez. Comme vous aurez parlé, ainsi vous répondra la prérogative impériale.

Considérez que le suffrage universel est déjà lui-même, par le seul fait de son exercice et par sa puissance d'institution, la mise en pratique de tous ces droits, de toutes ces libertés, de toutes ces garanties, de toutes ces prérogatives dont vous déplorez la perte, le point de départ de tous vos progrès, l'embryon de toutes vos réformes, l'instrument de votre fortune : en sorte que le gouvernement, quel qu'il soit, n'est à vrai dire que le continuateur de ses œuvres, le gardien, tout au plus le contremaître de ses divers établissements. Vous demandez la liberté de réunion et de discussion, par exemple : elle est dans le suffrage universel, ou le suffrage universel n'est rien; — la liberté de la presse : elle est dans le suffrage universel, ou le suffrage universel n'est rien; — la liberté municipale : elle est dans le suffrage universel, ou le suffrage universel n'est rien; — la réforme judiciaire, pénale : elle est dans le suffrage universel, c'est-à-dire dans le jury, ou le suffrage universel n'est encore rien. En voulez-vous davantage? Demandez-vous l'organisation de l'enseignement, la garantie du travail, les institutions de mutualité, la détermination du droit économique, etc., etc.? Tout cela est au fond du suffrage universel, ou le suffrage universel n'est rien. Il n'y a pas un droit, pas une liberté, pas une garantie, pas une espérance d'avenir, pas un progrès, qui ne se puisse de la sorte ramener au suffrage universel, que le suffrage universel n'exprime par quelqu'une de ses formes, sans quoi le suffrage universel ne serait absolument rien.

Mais, dites-vous, ce n'est pas ainsi que les choses se passent. Le suffrage universel est sous la direction administrative ; il n'est pas maître de discuter publiquement ; les réunions ne sont pas libres ; la presse n'est pas libre ; les communes sont subordonnées au pouvoir central ; Paris et Lyon ne s'appartiennent même pas ; les députés, les candidats, et par eux le corps électoral tout entier, sont inféodés, en vertu de leur serment, à l'Empereur...

Eh bien ! c'est le cas de faire entendre à l'Empereur, directement et sans intermédiaire, que les conditions dans lesquelles le suffrage universel est appelé à fonctionner, sont contraires à sa nature et enchaînent son action ; que, si le malheur des temps les a fait jusqu'à présent supporter, si aucune réclamation n'a été soulevée aux élections antérieures, ces précédents, dont on n'accuse personne, n'ont pu créer contre la souveraineté du peuple une sorte de prescription ; qu'après dix années de calme et d'expérience le temps semble venu de rentrer dans la règle ; et qu'en conséquence vous suppliez Sa Majesté Impériale, par votre abstention même, d'obtempérer à votre requête.

Ainsi votre abstention est légale, tout ce qu'il y a de plus légal et de moins hostile au gouvernement. Ce n'est point une scission entre le Pays et le Pouvoir, une retraite du peuple sur le Mont-Sacré, une attaque sournoise aux droits que le prince tient de vous : l'abstention ne prendrait ce caractère qu'autant que le gouvernement lui-même le voudrait. C'est simplement une déclaration du Pays au Gouvernement que, dans l'état des choses, le vote, amoindri dans sa dignité et sa compétence, au lieu de retremper le gouvernement, deviendrait pour lui un danger ; qu'il constituerait la nation en état de décadence politique, et que le vœu des électeurs est que le Chef de l'Empire, à qui jusqu'à présent la haute police des élections a été laissée, renonce à cette dictature, et mette les citoyens à même de remplir leurs devoirs électoraux et de faire acte véritable de souveraineté.

« Nous sommes prêts, Sire, à faire ce que la Constitution attend de nous, à seconder votre gouvernement par le renouvellement du Corps législatif. Mais, dans la situation qui nous est faite nous ne pouvons pas voter sans tout compromettre, et les *principes de* 89, et le suffrage universel, et l'avenir de la France, et notre propre honneur, et vous-même ! » Voilà ce que, par leur abstention, les électeurs seraient censés dire à Sa Majesté. Ce n'est encore une fois ni une déclaration de guerre, ni une sécession, ni un défi ; ce n'est point un acte hostile, pas même une protestation. C'est une représentation respectueuse, par laquelle le Pouvoir est informé de l'impuissance morale où le Peuple est de voter, et mis en demeure d'y pourvoir. *Non possumus,* comme disaient les Papes répondant aux sommations des empereurs et des rois : tel est le mot de la situation actuelle. Rien de plus péremptoire, je l'accorde ; mais aussi rien de plus parlementaire.

§ XIII. — Effet certain de l'abstention.

Il peut se présenter deux cas : l'abstention sera universelle, ou partielle. Pour parler avec plus d'exactitude, ou bien ce sera la majorité des électeurs qui, déclarant son impuissance, se tiendra à l'écart ; ou ce sera la minorité. Dans l'un comme dans l'autre cas, l'effet de l'abstention sera considérable : un nouveau courant d'opinion se révèlera dans le Pays, une puissance de volonté collective se produira, devant laquelle le Pouvoir, avant peu de temps, sera forcé de s'incliner.

Si la majorité des électeurs s'abstient, toute discussion devient superflue : il est clair que le Gouvernement est arrêté court; les questions les plus intéressantes du moment se trouvent de fait résolues. La Constitution est modifiée, les garanties nationales rétablies, toutes les libertés restituées, rendues plus fécondes et moins périlleuses; le Droit public mieux défini, et, par un simple acte d'intelligence électorale, sans secousse ni déchirement, le Pays entre dans une nouvelle ère. — Mais, observeront quelques politiques trop prévoyants, que chagrinerait peut-être une solution aussi facile, mais si le Gouvernement s'obstine, s'il ferme les yeux et se bouche les oreilles; si, s'appuyant sur une minorité absolutiste, sur l'Église, sur l'armée, il s'empare de la dictature; si..., si..., si..., etc.? — Je réplique que je n'admets pas cette supposition monstrueuse ; que ceux qui, avec plus de mauvais vouloir que de raison, se plaisent à la faire, ne savent ce que c'est qu'un gouvernement qui reniant son principe se met en travers de sa nation, et qu'ils oublient dans quel siècle ils vivent. En 1848, lorsque Louis-Philippe apprit que la garde nationale s'était prononcée contre lui et avait croisé la baïonnette contre la troupe, son parti fut pris sur-le-champ : il abdiqua. « Je ne saurais régner, dit-il, contre la volonté de la garde nationale. » L'infortuné roi s'était imaginé que la garde nationale, que la masse du Pays était avec lui contre l'Opposition : c'est pour cela qu'il s'était montré si opiniâtre à maintenir son ministère. Napoléon III, j'ose en jurer, ne se montrerait pas moins sage que Louis-Philippe, avec cette différence toutefois, qu'élu du suffrage universel, et voyant le suffrage universel se taire devant lui, il se rangerait bien vite du côté de la majorité.

Tout cela est fort beau en théorie, dira-t-on ; il n'y a pas de doute que le parti de l'abstention ne dût être, et de beaucoup, préféré, si l'on pouvait compter sur la majorité des électeurs. Malheureusement il n'en est point ainsi : la multitude est entraînée au scrutin, les uns par dévouement au pouvoir, les autres par la conviction que le silence des électeurs est une désertion déguisée, pour ne pas dire un assentiment muet. Et c'est ce qui fait de l'abstention, fatalement bornée à une minorité, un moyen illusoire. Nous ne pouvons pas voter, c'est vrai, dans le sens large, libéral, constitutionnel, logique, du suffrage universel ; mais nous ne pouvons pas non plus nous abstenir, parce que nous abstenir ce serait nous annuler.

Telle est l'erreur déplorable, fruit de notre ignorance des principes de 89 et du mécanisme des sociétés, qu'il s'agit présentement de détruire.

Observons d'abord que l'abstention n'est plus seulement ici le fait d'électeurs qui ont négligé de se faire inscrire, dont l'absence par conséquent prête à l'équivoque; elle est le fait d'électeurs inscrits, et qui, après s'être mis en mesure d'exercer leur droit, protestent ensuite, par leur éloignement du scrutin, contre l'empêchement qui les arrête. Ajoutons que l'abstention peut fort bien, de même que le vote, avoir ses comités, ses publications, faire connaître ses motifs, se poser enfin comme fraction active, bien que silencieuse, du suffrage universel. Dans ces conditions, le parti abstentionniste acquiert une haute valeur; et ce qui en fait le principal avantage, c'est que, si peu nombreux qu'il soit, ses voix ne sont jamais perdues. J'irai jusqu'à dire que, dans les circonstances présentes, ce sera lui qui, par l'importance de ses réserves, aura l'honneur du scrutin.

Considérons que la société française n'a pas aujourd'hui d'autre mode d'existence que celui fondé en 1789; qu'elle constitue de droit, et en grande partie de fait, une démocratie; que cette démocratie a pour expression le suffrage universel, dont l'exercice n'est que la manifestation, sous forme embryonnaire, de toutes les institutions, libertés et garanties du pays, tant dans le présent que dans l'avenir; que ce même suffrage a la faculté de se réviser, et qu'avec cette faculté si éminemment libérale et révolutionnaire de révision il est le fondement imprescriptible et immuable d'un gouvernement qui, à son tour, de fait et de droit, est en transformation perpétuelle. Quand la nation s'accorderait pour changer ce système, elle ne le pourrait pas ; elle est enchaînée à sa constitution comme l'animal à son organisme, comme la plante à sa forme.

Il suit de là que le gouvernement, tout autocratique que l'ait fait la constitution de 1852, est cependant à la merci du suffrage universel ; que par conséquent il est intimement lié à la démocratie ; que la démocratie est en définitive l'âme et le corps, l'intelligence et la force, la chair, le sang, les os, les nerfs et les idées du gouvernement. Hors de la démocratie, la société est néant, el pouvoir est impuissant, l'empire tyrannie. Rien ne subsiste que ce que la démocratie soutient, soit volontairement et d'intention, soit même par mégarde, accident ou erreur. Supposez un seul instant le gouvernement séparé de la démocratie, comme le fruit séparé de la branche, il tombe.

Sans doute la mêlée révolutionnaire a fait de lui, en 1848 et 1851, dans une certaine mesure, une expression rétroactive, disons conservatrice, si vous aimez mieux. N'est-ce pas le club de la rue de Poitiers qui le premier choisit Louis-Napoléon pour son candidat? Après le 2 Décembre, le même Louis-Napoléon, actuellement Empereur des Français, n'est-il pas devenu, comme autrefois son oncle, le sauveur de l'Église et des intérêts bourgeois?

Voilà tout ce que pourraient alléguer ceux qui voudraient chercher au Gouvernement impérial un appui en dehors de la démocratie. Mais les cinq millions et demi de suffrages de 1848, les sept millions cinq cent mille de

1851, et les sept millions huit cent vingt-quatre mille cent quatre-vingt-neuf de 1852 ; mais les élections pour le Corps législatif de 1852 et de 1857 ; mais les considérants de la Constitution de 1852, qui rapportent au suffrage universel la légitimité du gouvernement impérial ; mais l'article premier de cette constitution qui fait des *grands principes de* 89 la base du droit public des Français, ont imprimé en même temps à l'Empire le sceau ineffaçable de la démocratie, à telles enseignes que, s'il pouvait renier son origine, il perdrait en même temps sa raison d'être et se réduirait de lui-même à néant. Qui le sauverait, s'il perdait l'appui de la démocratie ? Est-ce l'Église qui, pour servir le pouvoir qui la protége, mettant de côté sa théorie du droit divin, descend aux comices populaires, prêchant et endoctrinant de son mieux les électeurs ? Est-ce le parti de la légitimité qui, de son côté, ne demande pas mieux que de voter aussi, mais qui refuse le serment ? Est-ce la bourgeoisie constitutionnelle de Juillet, auteur de la loi du 31 mai 1849, ennemie-née du suffrage populaire, et dont la Charte exclut également et la prérogative impériale et la dynastie des Bonaparte ?...

Après dix années de règne, pendant lesquelles le gouvernement impérial a pu se croire tout à la fois le représentant de la réaction et le représentant de la Révolution, le moment est venu où il doit se prononcer décidément entre la démocratie de 1789 et le droit divin féodal. L'équivoque n'est plus possible : il faut opter. Ainsi le veut le mouvement de l'histoire qui, semblable au Dieu de la Genèse, sépare les éléments, débrouille les intrigues et pose le dilemme entre les partis. Les élections de 1863 nous apprendront bientôt quel est le degré d'énergie de la liberté en France, et dans quel sens le Pouvoir se propose de marcher.

Jusqu'ici la démocratie, je veux dire la masse nationale, a voté sans exprimer de réserves. Elle s'est contentée du suffrage universel tel qu'on le lui proposait ; elle s'est rendue au scrutin sans préparation, sans discussion, sans publications ; elle a prêté serment sans faire d'observations ; elle a accepté toutes les candidatures, moins cinq, de l'administration ; elle n'a fait aucune réclamation en faveur de ses municipalités attaquées dans leur indépendance ; elle a subi comme une chose insignifiante les nouvelles circonscriptions, et ne s'est point inquiétée de la valeur de ses divers plébiscites pas plus que de la spontanéité de ses manifestations. Si le tiers des électeurs inscrits a négligé de voter, ou si de propos délibéré il s'est abstenu, elle n'en a tenu compte ; elle s'est laissé dire par les uns que c'était le fruit d'une indifférence coupable, par les autres que c'était un témoignage de confiance dans le gouvernement.

Actuellement toutes ces ténèbres vont être dissipées. On saura par le présent écrit et par les comités d'abstention qui, je l'espère, ne manqueront pas de se former, que, si la multitude démocratique vote à l'aveugle, si la presse qui lui sert d'organe remplit à son égard l'office d'entremetteuse, si une fraction considérable du vieux parti révolutionnaire n'a trouvé rien de mieux que de se rallier à cette cécité et à cette infamie, et, avec grand fracas d'opposition, de faire litière au pouvoir des droits et des libertés du peuple ainsi que des principes de 89, il existe une élite qui, avec plus d'intelligence, se refuse à voter, et qui motive son refus sur ce que le suffrage universel, instrument et gage de la liberté, se tournerait contre elle, s'il ne recouvrait la plénitude de ses garanties et la sincérité de ses formes.

Posons le cas le plus défavorable, celui où la fraction abstentionniste se composerait seulement de quelques centaines de personnes. Il suffira qu'elle se soit manifestée d'une manière authentique pour qu'il soit démontré à l'Europe entière que le mouvement rétrograde de 1848 et de 1852 est parvenu à son apogée, et qu'une période de régénération commence pour nous.

Plus le nombre des abstinents augmentera, plus il est clair que la pensée abstentionniste acquerra de puissance : ce serait pour elle un triomphe, si, par la soustraction de quelques milliers de suffrages intelligents et libres, elle parvenait à faire avorter toutes les candidatures de soi-disant opposition. Alors il serait acquis que le parti qui a fait la révolution de Février et institué le suffrage universel, dont l'opposition irréfléchie a servi jusqu'à présent de contre-poids à l'omnipotence impériale, menace de faire défaut. Le gouvernement de l'Empereur, s'il voulait persister dans sa politique, serait condamné à faire de la démocratie sans démocrates, avec des cléricaux, des saint-simoniens, des bancocrates, des doctrinaires et des Juifs.

§ XIV. — Inconséquence et inanité d'un vote d'opposition.

Le gros des électeurs, dont on ne saurait trop louer le zèle à se faire inscrire, mais à qui, dans un intérêt de coterie facile à démêler, l'on n'a enseigné qu'une manière de manifester sa volonté, attend du succès de quelques candidatures opposantes des résultats merveilleux. De quels rêves n'a-t-on pas bercé ces excellents électeurs ! En cela ils ne font qu'obéir au vieil esprit jacobin qui, après avoir crânement refusé le serment en 1852, a fait tout à coup volte-face en 1857, et qui aujourd'hui ne sait plus que résoudre. On se souvient de ces exhortations venues du dehors, dans lesquelles on montrait en perspective les masses populaires venant exercer le jugement de Dieu et écrasant l'Empire sous leurs millions de voix. — « Je prendrai, faisait-on dire au peuple dans une parodie « de la chanson d'Harmodius et d'Aristogiton, je prendrai « mon bulletin d'électeur en guise de cartouche ; je le « mettrai dans mon portefeuille comme dans une giberne, « et j'en fusillerai le despotisme. »

Il faut ramener à leur juste valeur ces démonstrations ridicules, et montrer quelle faiblesse réelle se cache sous cette fausse énergie.

L'opposition démocratique, devenue, par la prestation du serment, décidément dynastique, le jour où elle se présentera au scrutin avec ses candidats, est censée tenir à l'Empereur le discours suivant :

« Sire, nous pourrions nous abstenir de prendre part

aux élections, puisque l'abstention est de droit, et que dans le cas actuel elle serait le moyen le plus énergique de manifester et de faire prévaloir notre opinion. Nous pourrions, disons-nous, attaquer la moralité et la validité du vote ; soulever des questions d'incompatibilité, des motifs d'inconstitutionnalité, mettre votre Constitution en contradiction avec elle-même. Ajoutez, Sire, que, comme gardien des *grands principes* de la Révolution ainsi que des *droits* et des *libertés* du peuple, il est de votre devoir impérial, et vous y avez personnellement le plus grand intérêt, de faire rentrer le suffrage universel, et le pays avec lui, dans sa véritable voie ; que par conséquent ce serait à vous le premier à nous rappeler aux principes, plutôt qu'à nous de faire observer à votre gouvernement qu'il s'en écarte. Mais, Sire, nous craignons de nous séparer de votre pensée, d'affaiblir le prestige de votre règne, et, en manifestant contre vous une opposition trop vive, de vous rejeter dans les bras de nos communs adversaires, les éternels ennemis de la Révolution.

« Avant tout, nous sommes attachés à votre autorité paternelle ; nous sommes, quoique Jacobins, ou plutôt parce que Jacobins, dévoués de cœur et d'âme à votre dynastie, à ce point que nous préférons en ce moment sacrifier nos garanties les plus chères plutôt que de rien faire qui puisse ébranler votre autorité. Partisans d'un pouvoir fort et d'une centralisation énergique, jaloux de maintenir la gloire des armes françaises et de conserver votre prépotence sur l'Europe, nous n'avons qu'un regret, Sire, c'est de n'être pas tout à fait, sur quelques détails de politique intérieure et étrangère, d'accord avec vous.

Nous souhaiterions à votre gouvernement, non pas un changement de système, à Dieu ne plaise! mais, çà et là, un accent un peu plus révolutionnaire, une apparence un peu plus libérale, une teinte un peu plus foncée. Certes, nous aurions à faire entendre à Votre Majesté de nombreuses plaintes, si nous voulions nous rendre les fidèles échos du droit populaire, si nous étions de vrais représentants du suffrage universel. Mais, attendu que le peuple français ne nous semble pas mûr; que certaines libertés trop scrupuleusement respectées deviendraient gênantes, tendraient à restituer aux provinces et aux communes l'autonomie dont nos divers gouvernements les ont privées, et soulèveraient le conflit contre l'autorité centrale; attendu que nous-mêmes ne serions pas fâchés, le cas échéant, de recueillir dans sa plénitude le pouvoir conféré à l'Empereur, nous avons décidé de nous contenter de simples doléances, et c'est afin de conquérir dans le Parlement douze ou quinze voix de plus que nous avons organisé, à Paris et dans quelques départements, cette petite agitation électorale. Votre prudence, Sire, saura comprendre notre réserve, et tenir compte à sa fidèle opposition de son dévouement. Nous faisons mieux à cette heure solennelle que de prêter serment à Votre Majesté; nous lui donnons quittance de toutes les gênes, restrictions et anomalies qui paralysent le suffrage universel. »

On voit que si nul n'est plus superbe en paroles que nos démocrates, nul n'est plus modéré dans les actes, moins féroce au gouvernement.

Mais peut-être que j'abuse de la prosopopée; peut-être que, si l'on ne peut nier que tel ne soit au fond le sens du vote, les intentions sont tout autres, et que la parole de vingt députés d'opposition fera plus que le silence de cinq cent mille électeurs. Examinons donc quelle sera l'attitude, au sein du Corps législatif, de ces députés, élus à si grand renfort de grosse caisse, mais, j'ose le dire, aux risques et périls du suffrage universel.

Qu'est-ce qui motive les candidatures d'opposition ?

C'est évidemment que le Pays ne jouit pas, au dire des mécontents, de toutes les libertés et garanties désirables ; c'est que le véritable esprit de la nation, ses idées, ses tendances, ses besoins sont méconnus ; qu'elle est digne de plus d'initiative, et qu'après dix années d'un régime aussi rigoureux, il est temps de desserrer le frein. Tous les griefs reviennent à cela : augmentation incessante des dépenses, de la dette, de l'armée, de la police, de l'influence cléricale, de la concentration administrative, etc.

Mais que répondraient les députés d'opposition, si MM. de Morny, Billault ou Baroche, fatigués un jour de leurs déclamations, leur opposaient cette fin de non-recevoir :

« Les [illegible] dont vous faites retentir le Corps législatif sont de mauvaise foi et doivent être considérées par l'immense majorité comme non avenues. Ce n'est pas ici que vous deviez les faire entendre ; c'était dans vos comités électoraux, avant d'aller au scrutin. Car vous ne dites rien ici que vous n'ayez pu, et, à votre point de vue, que vous n'ayez dû produire devant vos électeurs, soit contre la Constitution, soit au sujet des opérations du suffrage universel, soit enfin à propos des formalités imposées aux candidatures.

« Si vous jugez la prérogative impériale exorbitante, pourquoi l'avez-vous reconnue en lui prêtant serment. Pourquoi, alors qu'il fallait parler, protester, éclairer les électeurs, vous êtes-vous, au contraire, empressés de jurer? Quoi! le serment n'a rien coûté à vos consciences, lorsqu'il s'agissait pour vous d'être élus; et maintenant que vous voilà parvenus au terme de votre ambition, vous le jugez offensant pour la dignité démocratique, inconciliable avec la souveraineté du peuple! Mais qui avez-vous trompé par cette dissimulation? Qui? Le savez-vous? Ce n'est pas le gouvernement de l'Empereur, qui vous connaît de reste et n'attend rien de vous. Ce sont vos électeurs. Commencez donc par déposer sur cette tribune votre démission collective, et puis allez dire à vos commettants que le serment exigé par la Constitution leur fait tort et qu'il vous répugne.

« Vous reprochez au gouvernement ses candidatures, et vous faites grand bruit de ce que la qualité de grand Électeur ne peut pas se concilier, dans la personne de Sa Majesté, avec celle de grand Élu. — Mais vous-mêmes, n'avez-vous pas votre direction centrale? N'exercez-vous pas, de Paris, une influence déterminante sur les élections des départements? Ne formiez-vous pas un comité des *Cinq?* Ne vous êtes-vous pas déclarés inséparables, unanimes, indissolubles? Que ne laissiez-vous la démocratie s'agiter, s'éparpiller, voter à sa guise? Pourquoi, avant de voter, avant de jurer, avant de solliciter des suffrages dont il vous plaît aujourd'hui d'accuser la dépendance, n'avez-vous pas crié : Holà! et demandé, à propos du serment et de toutes les candidatures émanées du Centre, la question préalable?

« Vous vous plaignez des lois de police qui interdisent les réunions publiques non autorisées.— Mais, encore une fois, c'était le cas de vous abstenir, et vous êtes les premiers coupables. Prétendriez-vous, par hasard, avoir suppléé à cette publicité de réunion que vous réclamez par vos délibérations occultes? Ou si l'irrégularité de vos conciliabules vous paraît suffisamment couverte par vos heureuses nominations? Quelle lumière, bon Dieu! que celle de vos cancans et de vos commérages! Et combien il est regrettable qu'elle n'ait pas pénétré jusque dans les plus pauvres chaumières! En vérité, on se demande comment, numéros sortis de la loterie électorale, vous osez prendre ici la parole. Qui êtes-vous? D'où venez-vous?

« Nous étourdirez-vous encore de votre liberté de la presse? Mais vous avez écrit, imprimé, publié pour vous-mêmes tout ce que réclamait le soin de vos candidatures; mais vos journaux, ces journaux si dévoués à la liberté, au progrès, à la Révolution, ne demandent pas, dans le secret de leur rédaction, qu'on leur suscite des concurrences. Tous les jours ils plaident en faveur de questions, d'entreprises, de projets, politiques et industriels, auxquels le gouvernement ne s'associe pas, et le gouvernement les laisse dire. Sur toutes les affaires du dedans et du dehors, vous êtes admis à présenter, devant le Corps législatif, vos observations, et le pays peut en prendre connaissance. Que demandez-vous de plus? Ah! si, avant de pénétrer dans cette enceinte, vous aviez dit aux électeurs: Vous ne pouvez pas voter; vous ne pouvez nommer ni nous ni personne, attendu que vous n'êtes point suffisamment éclairés, que nous-mêmes, vos candidats, nous ne savons rien ; que députés, nous ne saurons pas davantage ; que les journaux ne savent rien, que le gouvernement lui-même ne sait rien ; — si vous, députés sortants, vous aviez, par cas exceptionnel, fait de votre propre ignorance et de l'ignorance générale la raison de votre réélection, nous comprendrions que vous vinssiez aujourd'hui accuser le gouvernement de l'Empereur. Vos électeurs, édifiés par vos paroles, auraient du moins pu se dire : Une seule chose est claire en tout ceci, c'est que personne n'y voit goutte : nommons, nommons les *cinq* (1) !... Mais qui ne sait que les candidats de la démocratie sont tous des orateurs, des publicistes, des savants, des hommes de génie, des hommes d'État ? Qui doute que malgré l'affreuse oppression qui pèse sur la pensée, ils ne possèdent une science infuse qui les affranchit des gênes de la presse et les rend supérieurs à l'inspiration même du peuple ? Certes, vous êtes des habiles, vous êtes des capacités, vous êtes des sommités ; les électeurs, en vous nommant, ont rendu justice à vos lumières et ont fait eux-mêmes acte de haute intelligence : et vous venez nous accuser d'obscurantisme ! Allons donc !

(1) Ce trait n'a rien de personnel et ne doit point être considéré comme blessant pour les personnages désignés, au talent et au patriotisme desquels l'auteur est le premier à rendre justice. Mais ils comprendront à leur tour qu'au point de vue où il s'est placé, la reconnaissance qui leur est due ne saurait à ses yeux faire pencher la balance en faveur du vote, le talent et la vertu de cinq hommes étant un infiniment petit devant l'immensité du sacrifice.

« Il vous a plu, depuis quelques années, de vous faire les chevaliers des libertés municipales, de l'indépendance départementale, de la décentralisation, enfin, puisqu'il faut l'appeler par son nom. Qu'est-ce que cela veut dire? Oubliez-vous que vous êtes les successeurs de ceux qui, en 1793, déclarèrent la République *une et indivisible*? N'avez-vous pas de tout temps crié contre l'influence des *localités?* N'avez-vous pas juré haîne au fédéralisme, à l'esprit de clocher? N'est-ce point parmi vous que naquit un jour l'étrange idée de faire voter le peuple tout entier sur une seule liste? Nous avons brisé, suivant votre désir, ces groupes qui créaient dans le pays autant de foyers de discorde, et vous nous en faites reproche! Insensés, qui ne voyez pas que le suffrage universel est le corollaire du principe fédératif (1); que, poursuivi dans ses conséquences et appliqué dans la rigueur de sa formule, il aboutit à la transformation de votre propre système?... Voulez-vous donc une révolution? Si telle est votre pensée, si vous êtes à ce point infidèles à votre vieille tradition démocratique, ce n'est pas devant le Corps lé-

(1) Voir plus haut, §§ IV, VIII et IX, ce qui a été dit sur les circonscriptions électorales et l'indépendance des municipalités.

Ceux qui, tout en accordant l'excellence du principe fédératif, prétendent néanmoins qu'en Italie, en Belgique et ailleurs, les populations ne sont pas mûres; que cette institution de haut libéralisme serait trop hâtive; qu'il est besoin de longues années encore d'une forte discipline, et que, sans une vigoureuse unité, l'Etat deviendrait la proie, ici de l'influence légitimiste, ailleurs de l'influence cléricale, plus loin de l'influence bourgeoise ou nobiliaire, ceux-là, dis je, devraient au moins se mettre d'accord avec eux-mêmes. Pourquoi, si la fédération est si dangereuse, a-t-on fait appel en Italie, contre le Pape, le roi de Naples et les ducs, au suffrage universel?

gislatif que vous devez apporter vos vœux. Retournez auprès de vos électeurs; dites-leur, dites à cette bonne ville de Paris dont vous avez hypocritement sollicité les suffrages, que dans les conditions actuelles du vote, elle a eu tort de vous élire; que le droit municipal prime ici le droit impérial; que Paris n'est point fait pour être le siége d'un grand État, mais un État dans un système d'États, le premier dans une coalition de communes; dites aux Parisiens tout ce qu'il vous plaira, et n'oubliez pas d'ajouter que, quant au gouvernement, jamais il ne consentira à se dessaisir (1). Mais commencez par faire renouveler votre mandat, s'il se trouve avec vous des électeurs assez osés pour jeter le défi au gouvernement.

« Et maintenant sachez-le une fois pour toutes : le gouvernement de l'Empereur est intimement convaincu que le Pays se sent assez libre, et qu'il a horreur de toute innovation. Le Pays, par les plébiscites de 1851 et 1852, a remis sa souveraineté aux mains de l'Empereur; il n'a donné à personne mission de la reprendre. Le Pays a reconnu lui-même qu'il avait besoin de plus de concentra-

Car enfin il est évident que les Napolitains en votant comme Napolitains, les Siciliens comme Siciliens, les Toscans comme Toscans, les Lombards comme Lombards, les Bolonais comme Bolonais, etc., affirmaient implicitement leur autonomie, et posaient, en même temps que leur adhésion à Victor-Emmanuel, leur fédéralisme. Quelle inconséquence! Ou plutôt quelle mystification insigne! Comme si la combinaison de ces trois puissances, le suffrage universel, l'indépendance locale et le gouvernement central, n'offrait pas, en tout état de cause, contre toutes les factions et toutes les sectes, la plus haute garantie de progrès et de liberté!

(1) Déclaration faite par M. Billault, ministre sans portefeuille, à la tribune du Corps législatif, en réponse à M. Picard, député de l'opposition.

tion et d'unité ; il se moque de vos clubs, de vos journaux et de vos brochures ; il a assez de votre agitation prétendue parlementaire ; il n'entend pas que ses députés prennent texte de leur élection pour contester au chef de l'État ses droits et sa prérogative. Si le Pays admet, avec la Constitution, que le suffrage universel a droit de se réviser, ce n'est pas pour qu'une députation factieuse se fasse de cette faculté de révision un moyen de créer des embarras au gouvernement. Et la preuve qu'il en est ainsi, la preuve, députés de l'opposition, que vous êtes convaincus autant que le gouvernement que telles sont les dispositions du Pays, c'est que vous ne donnerez pas votre démission, vous n'aurez pas le courage de votre propre h èse. »

§ XV. — RÉSUMÉ ET CONCLUSION.

Qu'est-ce que le SUFFRAGE UNIVERSEL?

Si nous consultons le *Manuel* des électeurs, il va nous répondre : C'est la faculté reconnue à tout citoyen majeur, ayant six mois de résidence dans une commune, et non frappé d'incapacité légale, de participer à la nomination : 1° des conseillers municipaux ; 2° des conseillers généraux de département ; 3° des députés au Corps législatif. En 1851-52, première année du second Empire, les citoyens ajoutèrent à cette triple faculté d'élection celle de proroger de dix ans les pouvoirs du Président de la République, puis de lui conférer la dignité impériale. L'élection de l'empereur, inamovible et héréditaire, en qui se cumulent tous les pouvoirs ; celle des députés, renouvelable tous les six ans ; celle des conseillers municipaux et des conseillers de département, renouvelable pour les premiers tous les cinq ans, pour les seconds, mais par tiers seulement, tous les trois ans, épuisent le droit politique ou la compétence gouvernementale du citoyen français, et constituent dans son ensemble le suffrage universel.

Telle serait à peu près la définition de l'école.

Mais il est clair que nous n'avons ici que le côté extérieur, la partie mécanique de l'institution : la pensée y manque, et pour en comprendre toute la valeur, un peu de philosophie est indispensable. Certes, si la prérogative citoyenne consistait uniquement à venir, tous les trois, cinq et six ans, opter entre des noms propres, à écrire plus ou moins correctement, sur un carré de papier, les nom, prénoms et qualités d'un candidat, puis à déposer silencieusement ce bulletin dans une urne commise à la garde de quelques municipaux, il faudrait l'avouer, le suffrage universel ne serait qu'une vaine cérémonie, équivalant à la démission périodiquement renouvelée du peuple souverain. Et le peuple aurait raison de s'éloigner de ces scrutins : il faudrait alors, non pas accuser son indifférence, mais louer son bon sens.

Qu'est-ce donc que le suffrage universel, considéré, non plus dans ses opérations matérielles, mais dans sa vie, dans son idée?... C'est la puissance sociale ou force de collectivité de la nation dans sa forme initiatrice, et déjà dans l'activité de ses fonctions, c'est-à-dire dans le plein exercice de sa souveraineté. Là, en effet, se manifestent, comme autant de facultés en germe, toutes les libertés, tous les droits, toutes les garanties, tous les progrès, qui forment les attributs d'une société libre et civilisée. Toute institution, toute justice, tout organisme est donné d'avance dans cette institution-mère, et ce qui n'en ressort pas régulièrement et spontanément, à plus forte raison ce qui en gêne le mouvement, doit être regardé comme abortif et illégitime. Dans le suffrage universel, en un mot, nous possédons, mais sur une échelle réduite, ou pour mieux dire à l'état embryonnaire, le système entier de la société future. Le réduire à la nomination par le peuple de quelques centaines de députés sans initiative, élus la plupart sur la recommandation du Pouvoir, c'est faire de la souveraineté sociale une fiction, étouffer la Révolution dans son principe même.

Revenons sur ce que nous avons dit des formes, conditions et garanties du suffrage universel, de sa compétence, de sa portée, de son organisme, je dirais presque de sa physiologie.

1. Le suffrage universel est la base de notre droit public, le fondement de la Constitution de 1852. A ce titre, il est souverain, indépendant, toujours égal à lui-même dans ses manifestations successives. Cela veut dire que toute liberté, tout pouvoir et tout droit existent dans le corps électoral, non pas comme la conclusion d'un syllogisme est renfermée dans ses prémisses, d'une manière abstraite, mais effectivement et en acte ; que par conséquent, les droits, libertés et garanties de la nation étant données

à priori dans le suffrage universel, et en voie de réalisation par le fait même de son exercice, les citoyens n'ont, sous ce rapport, rien à attendre du Gouvernement, pas plus que de l'Église ni de qui que ce soit. La nation est constituée en autorité; les citoyens, réunis sous le nom d'électeurs, sont ses représentants naturels et immédiats. En eux se trouvent réunies toutes les attributions du pouvoir; ils en exercent les fonctions et ne peuvent être censés s'en dessaisir jamais. Si plus tard il leur convient de désigner, pour la gestion des affaires, un chef de gouvernement, des députés, des conseillers municipaux et généraux et autres espèces de fonctionnaires, c'est par des considérations de service administratif et d'économie publique dont ils sont seuls juges, et que tel est leur bon plaisir. Dans aucun cas le choix de ces mandataires ne peut être transformé en un acte de substitution. Il suit de là que prince, députés et conseillers sont sous la main de la nation, non la nation aux ordres du prince et des fonctionnaires ses subalternes; que c'est pour le service des électeurs que fonctionne le gouvernement, non pour le service du gouvernement que fonctionne le scrutin; qu'entre le Corps législatif et le gouvernement il y a égalité de subordination à l'égard des électeurs, bien qu'il n'y ait pas similitude d'attributions; qu'ainsi la prestation d'un serment de fidélité au prince est constitutionnellement incompatible avec la responsabilité qui incombe à l'empereur et le mandat de député; qu'elle crée un embarras, soulève un conflit entre la prérogative impériale et la souveraineté électorale; que si le député devait prêter serment à quelqu'un, ce ne pourrait être qu'à ses commettants, ce qui exclut toute idée d'inféodation à l'égard du prince, conséquemment toute candidature administrative, comme aussi toute ingérance du Pouvoir dans la police des assemblées et les opérations du vote.

2. Par le suffrage universel, les citoyens, déclarés égaux devant la loi par la Charte de 1814-1830, ont été faits égaux encore en prérogatives politiques, ce que n'avait point entendu ladite Charte, et ce qui anéantit en principe jusqu'à la possibilité d'un retour au droit divin, aux us et coutumes de la féodalité, et aux envahissements du despotisme. Car si les citoyens sont égaux devant le scrutin comme devant la loi, il ne reste plus aucun prétexte ni aux distinctions nobiliaires, dotations, majorats, etc.; ni aux priviléges industriels, ni aux apanages dynastiques, ni à l'omnipotence exécutive. D'où résultent la pondération des pouvoirs, garantie suprême de la liberté et de la fortune publiques ; la limitation et la péréquation de l'impôt; l'organisation des services publics, d'après la loi de l'égalité civique et au mieux des intérêts généraux. Le suffrage universel, dis-je, contient tout cela ; il est lui-même tout cela. Il impliquerait contradiction qu'un peuple rassemblé dans ses comices pour traiter de ses affaires et nommer des représentants qui agissent à sa place, leur donnât mandat de gaspiller sa fortune, de créer à son détriment des priviléges, des sinécures et des monopoles, pis que tout cela, de lui fermer la bouche et de lui dérober les faits, lorsqu'il voudrait s'enquérir à fond des faits et gestes de ses agents.

3. Le suffrage universel, avons-nous ajouté, suppose,

pour son libre et complet exercice, la division du pays en ses groupes naturels : provinces ou régions, départements, cantons, communes, corporations, etc. Le résultat du vote est la pensée diverse et synthétique exprimée par ces collectivités, appelées à se prononcer selon leurs intérêts respectifs. Ceci est de la plus extrême importance. Il en ressort, en effet, qu'à ce point de vue encore l'organisation de la société, et dans l'ordre politique et dans l'ordre économique, est donnée tout entière dans le suffrage universel, organisation qui n'a rien d'utopique ni d'arbitraire, puisqu'elle dérive de la nature des choses, non des vaines spéculations d'école, de l'entraînement des multitudes ou de la décision d'un conseil d'État. Le suffrage universel, avec ses circonscriptions rationnelles, c'est, pourquoi ne l'avouerions-nous pas? la Révolution, non-seulement politique, mais économique, telle que la liberté, la justice, la science et un sage progrès la suggèrent. Toute fédération agricole-industrielle, toute association ouvrière ou capitaliste, tout pacte de mutualité, dérive de là. Ici, plus encore que tout à l'heure, l'initiative gouvernementale doit se tenir à l'écart et laisser agir seules les énergies sociales. Toute immixtion du pouvoir ferait mentir l'autonomie des multitudes, fausserait la destinée de la nation, mettrait en péril son existence.

Nous savons que si les groupes électoraux sont en rapport d'intérêts les uns avec les autres, ce qui les sollicite à une action commune, manifestée par le gouvernement central ou l'État, ils n'en doivent pas moins rester indépendants les uns des autres et de l'autorité centrale elle-même, puisque, sans cette indépendance, les élections n'étant plus libres n'auraient qu'une valeur fictive, le suffrage universel serait en partie annulé, et que, sous des apparences démocratiques, tout relèverait, comme autrefois, de la prérogative monarchique, de l'autorité centrale. La conséquence est que, dans chaque localité, les citoyens possèdent de leurs fonds le droit de se réunir et de se concerter, quand et comme bon leur semble; comme aussi de se réunir et de se concerter avec ceux des localités voisines, tant pour leurs affaires particulières que pour leurs intérêts communs et pour ceux de l'État; d'autre part, que si rien de ce qui touche aux intérêts généraux ne peut être entrepris en dehors de l'action du gouvernement, le gouvernement de son côté ne peut pas non plus rendre de décret, en matière de commerce, d'industrie, d'agriculture, de travaux publics, de crédit, d'assurance, de banque, de guerre, d'instruction publique, de police, etc., sans avoir au préalable pris l'avis des communes et départements; à plus forte raison il ne peut, sous aucun prétexte, s'immiscer dans leur administration. Tel est le suffrage universel : acte initial des diverses autonomies dont l'ensemble constitue la république, et qui, par leur réunion en faisceaux, forment l'empire ou le gouvernement (1). Sortez de là, brisez les groupes naturels, changez les circonscriptions, chargez d'entraves l'action électorale,

(1) Le mot *Empire* est antérieur, dans notre langue politique, à l'avénement de Napoléon Ier. On le trouve, dès 1789, employé par les publicistes à qui le nom de *Monarchie* commençait à paraître inexact, et qui n'osaient pas encore se servir de celui de RÉPUBLIQUE. Après le 10 août, République et Empire furent faits synonymes, et cette synonymie s'est maintenue officiellement jusqu'après le couronnement de Napoléon.

substituez à la liberté des associations le système des concessions, subventions, protections, garanties et surveillances de l'État, vous méconnaissez l'esprit de la Révolution, vous retournez au droit divin, vous détruisez le suffrage universel.

4. Le suffrage universel suppose la liberté de la presse. Ici encore je ferai remarquer que la liberté de la presse ne doit point être considérée comme un auxiliaire appelé du dehors pour éclairer la marche des opérations électorales; elle est immanente au suffrage universel comme l'attribut à l'être, et ne peut en être séparée sans que celui-ci cesse d'exister. La liberté de la presse est le suffrage universel en personne, faisant fonction de juge instructeur, informant, discutant, interpellant, jugeant, faisant tous actes d'une raison indépendante et souveraine. Supprimez la liberté de la presse : je ne vous dirai pas que le suffrage universel subira une éclipse, comme il arrive à la Terre, quand la Lune par son passage intercepte les rayons du Soleil : je dirai que vous aurez rendu le suffrage universel sourd, muet et aveugle. D'où je conclus qu'avec le suffrage universel le monopole des journaux, les avertissements, les cautionnements, le timbre, les brevets d'imprimeur et de libraire, les lois sur le colportage, etc., sont incompatibles.

Supposons une république formée d'une seule commune avec une lieue carrée de territoire et cinq cents habitants. Dans cet État microscopique, tous les pouvoirs se trouvant réunis dans le conseil municipal, et le conseil municipal se composant de la totalité des chefs de famille, il est clair que le suffrage universel et le gouvernement seraient une seule et même chose. Le suffrage universel étant à la fois souverain, prince, gouvernement, corps électoral, ordre judiciaire, armée, travail, industrie, propriété, etc., pouvoir exécutif et pouvoir législatif, fisc et contribuable, siégeant en permanence, faisant tout par lui-même, on ne concevrait pas qu'il s'amoindrît volontairement, et se dépouillât de la moitié ou des trois quarts de ses attributions. Il conserverait, au contraire, avec le plus grand soin, l'intégrité de ses facultés. Eh bien! ce qui serait vrai du suffrage universel dans un État de cinq cents âmes, l'est tout autant dans un empire de trente-sept millions. C'est toujours la collectivité qui produit, gouverne, pense, administre, juge, en un mot qui fait tout; seulement elle le fait d'une autre manière. Afin de ménager le temps et d'éviter l'encombrement, on institue, par application du principe de la division du travail, des fonctionnaires spéciaux, chargés d'exercer, au nom du peuple, les fonctions publiques. Le système est-il changé pour cela, et conçoit-on que le suffrage en soit moins indépendant, moins souverain, moins maître du gouvernement et de lui-même?

Le suffrage universel est donc bien réellement, comme je le disais tout à l'heure, l'institution mère, créatrice et formatrice, contenant, non pas en espérance et en fiction, mais en réalité, mais en acte, tous les pouvoirs de l'État, toutes les libertés et les droits du peuple. Ce n'est pas un premier à-compte sur les promesses de la Révolution, c'est la Révolution en personne, saisie de la souveraineté, faisant acte d'omnipotence, procédant à la réalisation de ses grands principes, et prête à en livrer tout le contenu, le jour où il plaira au peuple de le vouloir.

Si la Constitution de 1852 n'avait pas, d'une manière aussi formelle, consacré le suffrage universel ; s'il était permis de croire que sous ce rapport elle a entendu seulement faire une variante à la Charte de 1814-1830, ôter en énergie à la puissance électorale ce qu'elle lui accordait en étendue, je n'aurais garde en ce moment d'élever ma protestation contre le régime suivi depuis dix ans. Je me dirais, avec M. Baroche, que l'universalité du droit de vote ne constitue pas une sorte d'autocratie ou *self-government* de la nation ; qu'il ne faut voir dans le système inauguré en 1848, et continué en 1852, qu'une satisfaction donnée à l'orgueil des masses, mais sans préjudice pour la prérogative impériale et la direction supérieure du gouvernement ; et je me résignerais, comme tant d'autres, à user de la liberté qui nous est laissée pour en solliciter discrètement une plus grande.

Mais une semblable interprétation de la constitution de 1852 est impossible. Le 2 Décembre, en abolissant la loi du 31 mai, a prétendu, comme la république de 1848, faire plus qu'une simple modification à la Charte de 1830. Il s'est posé en antithèse ; il a créé un ordre de choses nouveau ; il a pris le suffrage universel pour *base* de la constitution, déclaré le gouvernement modifiable et le chef de l'État responsable, intervertissant ainsi le système politique antérieur. De telle sorte que, si le suffrage universel ne devait point être compris et pratiqué dans toute l'étendue de son acception, le bénéfice du coup d'État serait tout entier pour le Gouvernement ; la Constitution de 1852 n'aurait été pour le pays, contre le vœu de son auteur, qu'une reculade ; la nation, en recouvrant nominalement le suffrage universel, aurait perdu en réalité ses garanties politiques : conclusion inadmissible, injurieuse à la nation et au gouvernement.

J'ai dit. J'aurais actuellement bien des réflexions à faire sur les hommes et les choses, sur cette longue agonie révolutionnaire dans laquelle on nous retient depuis plus de soixante ans ; sur la nécessité de relever au plus tôt la raison publique par de fortes maximes, en attendant qu'il nous soit permis de consolider la liberté par de fortes institutions. Je m'en tiens aux considérations de fait et de droit qui précèdent, et me renferme, quant à présent, dans le silence. Je n'ajoute qu'un mot : puisse-t-il être entendu !

Le suffrage universel est le principe démocratique par excellence. En essayant, pour la première fois peut-être, d'en donner la philosophie, je n'ai certes pas eu la prétention de faire de ce principe ma propriété. C'est ce qui arriverait cependant, que je le voulusse ou que je ne le voulusse pas, si, ce que jusqu'au dernier moment je me refuserai à croire, la démocratie persistait dans la voie où la poussent à la fois de stupides et de perfides conseils, et, par sa participation aux opérations électorales, abandonnait le drapeau qu'elle doit défendre.

Je n'ignore pas qu'il est dans le parti nombre de citoyens qui, tout en donnant leur adhésion au vote et en se mêlant activement aux travaux des comités, s'abstiendront pour leur propre compte, et ne consentiraient à aucun prix à s'engager personnellement avec le système impérial. Mais alors pourquoi ne pas suivre cette idée jusqu'au bout? pourquoi cette conduite équivoque? Croient-ils satisfaire par là à leur devoir de chefs de la démocratie et à la protestation de leur conscience? Je n'admets pas que des hommes placés à la tête du mouvement trouvent certaines choses bonnes pour le peuple tandis qu'ils les repoussent pour eux-mêmes ; que le gros du parti puisse honorablement assister aux scrutins de l'Empire, tandis que les meneurs gardent immaculée leur couleur républicaine. Je n'admets pas, dis-je, que l'on vienne dire publiquement, dans un comité électoral, que l'on s'abstient de voter pour des considérations de dignité personnelle et des scrupules de conscience, mais que l'on n'en admire pas moins, du fond du cœur, et la résolution de ceux qui votent et le dévouement de ceux qui jurent, comme si, électeurs et candidats, en se jetant dans cet abîme du serment, renouvelaient le sacrifice de Curtius! La dignité des tribuns ne saurait ici se séparer de celle du peuple; ce qui convient aux uns convient à tous, impose à tous même réserve et même devoir. Une pareille aristocratie de puritanisme est intolérable: elle frise l'hypocrisie, la tyrannie.

Ayez donc, citoyens, le courage de votre propre vertu. Ces considérations de dignité et de conscience ne sont recevables qu'autant qu'elles s'étendent à la démocratie tout entière: or, je vous ai démontré, par une longue discussion, quel est le droit, par conséquent quel est ici le devoir des masses. Je vous ai fait voir combien ce suffrage universel, si longtemps dédaigné, grâce aux interprétations inintelligentes qui en ont été faites, surpasse en profondeur et en fécondité tout ce qu'a jamais produit le génie politique. Allez-vous renier ce grand principe? Vous n'y pensez point. Pourquoi donc le compromettre par votre attitude ambiguë? Tout ou rien : vous n'avez pas d'autre conseil à donner au peuple.

Le peuple, dites-vous, est incapable de comprendre une tactique si savante.... C'est à vous de l'avertir, à le prêcher de la voix autant que de l'exemple. Eh! quoi, allez-vous aussi, en cédant à la passion populaire, à ce fol instinct de lutte qui l'excite, donner à entendre au monde que le peuple français n'est pas mûr, qu'il a besoin de guides, que, si vous étiez à la place de M. Baroche, vous parleriez et agiriez comme lui, vous diriez que le gouvernement ne peut pas abandonner à lui-même le suffrage universel, qu'il lui appartient en conséquence d'en prendre la direction, mais que quant à vous, hommes déchus et qui ne songez qu'à vous remettre en place, votre politique consiste à suivre la fantaisie populaire, seul moyen de vous relever? La démocratie, à ce compte, serait donc une balançoire, et le suffrage universel, dans le secret de vos pensées, une lanterne magique?... Qui le dirait vous ferait injure : vous n'avez pas à ce point perdu le respect des masses et la foi en la Révolution. Oui, la multitude est inintelligente et aveugle : quelle honte y a-t-il à l'avouer? C'est sa nature, je dirais volontiers que c'est son titre. Elle a besoin d'une pensée qui la guide, cela n'est pas douteux : mais d'où lui doit venir cette pensée? là est toute la question? Et c'est à quoi je réponds que la pensée dirigeante du suffrage universel doit émaner du suffrage universel même, fonctionnant dans les conditions et selon les formes qui lui sont propres ; qu'il n'appartient ni au Pouvoir, ni à personne de préjuger cette pensée ; que les seuls et légitimes moniteurs du peuple sont tous les hommes qui publient leur opinion soit par la presse, soit par la parole ; qu'ainsi le véritable guide du suffrage universel est cette Raison générale, impersonnelle, synthétique, qui jaillit de toutes les idées en conflit, et ne manque jamais de se produire là où toute liberté est assurée à la pensée, à la parole et à l'écriture.

Le peuple, ajoute-t-on, est lancé : il s'attend à voter ; le courant est devenu irrésistible. Je nie la réalité de cet entraînement. Que ceux qui forment la tête du parti démocratique le veuillent, que les comités électoraux en prennent la calme et ferme résolution ; qu'au lieu de s'abuser par des démonstrations d'une hostilité aussi impuissante qu'elle est équivoque, ils se retranchent dans la religion de leur principe ; qu'ils ne craignent pas de se couvrir de la légalité que la Constitution de 1852, dominée ici par la raison de l'histoire, leur a ménagée ; qu'ils songent surtout que l'abstention, fût-elle un acte aussi stérile qu'on l'a prétendu, il leur serait encore, à eux, interdit de voter en l'état actuel des choses, parce qu'un pareil vote, chez des hommes de liberté, impliquerait l'abandon des droits et des principes qu'ils réclament ; que ces considérations, dis-je, soient hautement exprimées, et, en vingt-quatre heures, Paris averti redeviendra le Paris des anciens jours ; il fera volte-face, et la France démocratique, la France de l'avenir, s'abstiendra avec lui. Mais dût encore le peuple se montrer rebelle à la voix de ses chefs, je dirais à ceux-ci : Séparez-vous hardiment. Laissez voter cette multitude dénuée de raison, bien moins naïve qu'il ne vous semble ; laissez, sans vous émouvoir, les candidatures *ouvrières* se produire à côté des candidatures de l'administration, fraterniser avec celles-ci, et tous ces élus du peuple figurer entre eux des débats où l'initiative parlementaire et l'inspiration électorale auront une si faible part ; et, vous résignant à une épuration douloureuse, travaillez hardiment, avec un personnel réduit des trois quarts, à reconstituer sur de nouveaux éléments le parti de la Révolution. Avec la Révolution, vous avez l'idée, la force, la vie ; vous tenez tout. Vous vous relevez de votre défaite, vous devenez aux yeux du monde le parti de la conservation et de l'ordre en même temps que de la liberté et du progrès ; vous êtes les hommes du salut public, et tôt ou tard vous verrez cette multitude honteuse vous demander à genoux pardon de sa félonie.

En vous tenant ce langage, vétérans de la démocratie, je suis sans intérêt, puisque j'ai fait scission avec vous, et que je ne cherche pas de rapprochement. Eh ! que pourrais-je souhaiter de mieux pour ma propre gloire que de vous voir déshonorés, noyés dans cette mare électorale ? Ne sais-je pas que les partis ont souvent besoin de se rajeunir ; que, vous perdus par la plus sotte tactique, votre succession serait ouverte, et que ce serait à mes amis et à moi de reprendre ce drapeau du suffrage universel que vous n'auriez pas su porter ?... Mais, je vous le dis en toute franchise, telles ne sont point, telles n'ont jamais été mes visées. Je suis avant tout, vous devriez le savoir, homme de principes et de logique : mes études suffisent à mon ambition. Ma récompense sera grande à mes yeux, si je suis assez heureux pour contribuer au triomphe de l'idée commune. A cet égard, j'irai jusqu'à dire, et vous finirez par le reconnaître, que je sers mieux la Révolution, que je vous suis à vous-mêmes plus utile, surtout plus commode, en conservant mon indépendance, que si je restais avec vous. Que je voie la liberté se relever, les principes s'affermir, même par des mains rivales, et je suis content. Ne cherchez pas, démocrates, d'autre motif à cette exhortation aussi désintéressée que loyale.

FIN

TABLE DES MATIÈRES

www.ingramcontent.com/pod-product-compliance
Lightning Source LLC
LaVergne TN
LVHW020415230826
846091LV00004B/1291